叶硕 编著

围棋入门
口袋书

WEIQI RUMEN KOUDAISHU

升级版

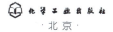
化学工业出版社
·北京·

图书在版编目（CIP）数据

围棋入门口袋书：升级版/叶硕编著. —北京：化学工业出版社，2020.1
ISBN 978-7-122-35546-1

Ⅰ.①围⋯ Ⅱ.①叶⋯ Ⅲ.①围棋-基本知识 Ⅳ.①G891.3

中国版本图书馆CIP数据核字（2019）第250231号

责任编辑：史　懿　杨松森　　　　装帧设计：刘丽华
责任校对：张雨彤

出版发行：化学工业出版社（北京市东城区青年湖南街13号
　　　　　邮政编码100011）
印　　装：三河市延风印装有限公司
710mm×1000mm　1/32　　印张13　　　字数358千字
2020年5月北京第1版第1次印刷

购书咨询：010-64518888
售后服务：010-64518899
网　　址：http://www.cip.com.cn
凡购买本书，如有缺损质量问题，本社销售中心负责调换。

定　　价：45.00元　　　　　　　　　　版权所有　违者必究

前言

身边学围棋的人越来越多了。下至四五岁的孩子，上至耄耋老人，都对围棋充满了兴趣。这是一个令人欣慰的现象。于是，作为一个有三十年棋龄的资深棋手，在翻译了石佛李昌镐的《李昌镐儿童围棋课堂》后，我有了编写这本书的想法和动力。

下围棋的好处多多，诸如开发智力，磨炼意志等。

来说说这本书的好处吧。

首先，它很"全"。本书共分为14章，包含400余个知识点和近600条术语，并在原来的基础上增加了40余条围棋俗语、棋理等的说明，信息量丰富，完全可以称得上是一本"初学者词典"。一书在手，术语不愁。读完本书，爱好者们看懂其他进阶围棋读物、电视、网络围棋讲座，不在话下。

其次，它讲得很"透"。绝大多数条目除了定义的解释，还有非常实用的例题，让爱好者一看就懂，一下就会！

最后，它还很"好玩"。由于本书融入了许多围棋俗语、谚语、口诀，既易学易懂，又朗朗上口，记忆深刻。

这么多给力的吃子、手筋、死活妙手和战术，再配上书后的数局围棋名局详解，将让爱好者们更好地学以致用，将基础打得更牢，水平迅速得到提升！

叶硕
2020年1月

目录

第1章 基础中的基础
1. 棋盘、棋子 002
2. 棋盘上的位置 004
3. 基础规则 009
4. 第一手下法 021

第2章 围棋基本术语
1. 打 024
2. 提 027
3. 长 033
4. 退 034
5. 立 035
6. 爬 038
7. 冲 040
8. 挡 041
9. 断 042
10. 接 044
11. 扳 046
12. 尖 050
13. 顶 051
14. 碰、靠 053
15. 搭 056
16. 贴 056
17. 跳 057
18. 飞 060
19. 托 064
20. 点 065
21. 虎 070
22. 刺 073
23. 挖 075
24. 扑 076
25. 压 081
26. 并、平 083
27. 双 085
28. 挤、嵌 087
29. 拐 089
30. 猴 090
31. 团 091
32. 跨 091
33. 罩 093
34. 封 095
35. 夹 098

36. 拆 102
37. 逼、拦 107
38. 尖冲 110
39. 镇 111
40. 吊 115
41. 渡 116

第3章 吃子
1. 抱吃 120
2. 门吃 121
3. 双吃 123
4. 征吃 124
5. 枷吃 130
6. 夹吃 132

第4章 死活
1. 眼 134
2. 活棋与死棋 138
3. 做眼与破眼 139
4. 净杀与净活 148
5. 双活 151
6. 欠眼活 153
7. 死活基本型 154

第5章 对杀
1. 对杀的气 175

2. 紧气 176
3. 撞气 177
4. 延气 178
5. 大眼的气数 179
6. 有眼对杀 182

第6章 打劫
1. 打劫的过程 186
2. 劫的类型 194
3. 劫活与劫杀 203

第7章 手筋
1. 造枷吃的手筋 206
2. 造接不归的手筋 207
3. 造倒扑的手筋 210
4. 滚打包收 211
5. 乌龟不出头 213
6. 竹节筋 214
7. 胀牯牛 215
8. 金鸡独立 216
9. 倒脱靴 217
10. 老鼠偷油 217
11. 黄莺扑蝶 218
12. 大头鬼 219
13. 送佛归殿 221
14. 相思断 223

15. 方朔偷桃..................224

第8章 定式
1. 占角..........................227
2. 守角..........................227
3. 挂角..........................232
4. 星定式......................235
5. 小目定式..................239
6. 目外定式..................248
7. 高目定式..................252
8. 三三定式..................255

第9章 布局
1. 按起手分类..............258
2. 星布局......................260
3. 三三布局..................264
4. 小目布局..................264
5. 布局流派..................266
6. 大场..........................272

第10章 中盘
1. 打入..........................276
2. 侵消、侵分..............278
3. 分投..........................284
4. 围空..........................285

5. 中盘攻防..................286
6. 断的应用..................295

第11章 官子
1. 官子分类..................311
2. 官子大小..................316
3. 其他..........................322

第12章 高级术语
1. 先与后......................328
2. 棋形..........................331
3. 价值..........................335
4. 行棋的感觉..............338

第13章 常见围棋谚语
1. 行棋的效率及价值..348
2. 实战攻防..................354

第14章 名局精解
第一局..........................366
第二局..........................377
第三局..........................387

索引..........................397

第 1 章 基础中的基础

如高楼的基石一样,本章是围棋最最基础的知识,它将让你了解围棋的基本下法和规则,并打下良好的基础。

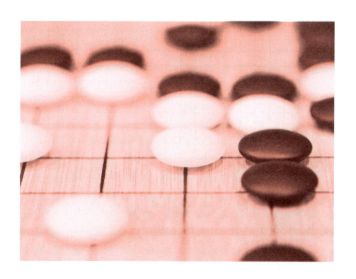

1. 棋盘、棋子

【棋盘】如图1-1，围棋的棋盘是方形的，由纵横各19条线组成，本图为标准的围棋盘。

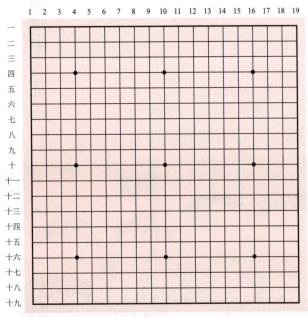

图1-1

【交叉点】围棋盘上横竖线之间的交叉位置，称为交叉点。棋盘上共有361（19×19）个交叉点。

落子无悔　围棋"棋德"之要义，即已经下到棋盘上的子，无论结果如何，都不得再重下了。

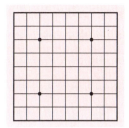

图1-2

【9路盘】如图1-2,9路盘多为初学者使用的棋盘,纵横各有9条线,也称9线盘。

据考古发掘显示,我国古代曾出现过13路盘和17路盘。我们现在所使用的是19路盘。

【棋子】如图1-3,围棋的棋子分为黑白两色,黑子181枚,白子180枚,黑白子加起来是361枚,恰好和棋盘的交叉点数相同。

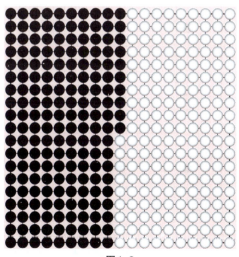

图1-3

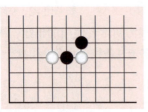

图1-4

如图1-4,下棋时,棋子必须下在交叉点上。

人们用各种材质来制造围棋的棋子,如玻璃、瓷、玉、贝壳、石材等。中国的棋子是一面突起,一面平的;日本的棋子是双面突起的。

2. 棋盘上的位置

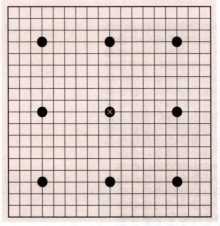

图1-5

相传围棋是尧帝发明的。尧帝画地为棋盘,以黑白石子为棋子,推演战法,并以此来教导自己的儿子丹朱。

【星位】如图1-5,正规的围棋棋盘上有9个用大黑点标记的交叉点,以方便定位,这9个黑点称为星位,也可以简称星。棋盘上的9颗黑子就放在9个星位上。

【天元】棋盘最中间的一个星位,叫作天元。黑×一子就处于天元位置上。"元"是第一的意思,"天元"的本意是天空的最高点。通常第一手棋不要下在天元,因为那会表示对对手的不尊重。

【角】如图1-6,角是围棋盘上的方位。棋盘上共有4个角,即左上角、左下角、右上角、右下角。

通常我们所看到的全盘棋谱都是以黑方的方向为基础的。

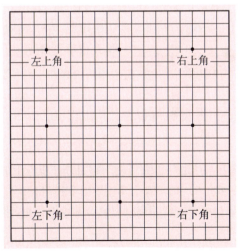

图1-6

在角上,围绕星位还有一些我们应当知道的名称。

【小目】小目是围棋盘角部的一个位置,它在棋盘上的坐标是(3,4)或(4,3)。每个角上有2个小目,棋盘上共有8个小目。

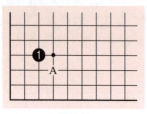

如图 1-7,左下角黑 1 和 A 位都是小目。

图 1-7

【目外】目外在棋盘上的坐标是(3,5)或(5,3)。每个角上有2个目外,在棋盘上共有8个目外。

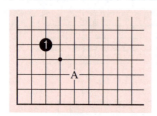

如图 1-8,左下角黑 1 和 A 位都是目外。

图 1-8

【超目外】也叫作大目外。超目外在棋盘上的坐标是(3,6)或(6,3)。每个角上有2个超目外,棋盘上共有8个超目外。现代布局已经很少下这个位置占角了。

围棋有一些有趣的别称,如黑白、方圆、烂柯、楸枰、手谈、木野狐、坐隐、纹枰等。

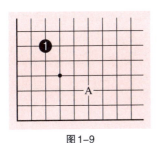

图1-9

如图1-9,左下角的黑1和A位都是超目外。

【高目】高目在棋盘上的坐标是(4,5)或(5,4)。每个角上有2个高目,棋盘上共有8个高目。

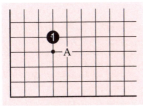

图1-10

如图1-10,左下角的黑1和A位都是高目。

【超高目】也叫作大高目。超高目在棋盘上的坐标是(4,6)或(6,4),每个角上有2个超高目,棋盘上共有8个超高目。现代布局较少用超高目占角,但也有一些有个性的棋手这样下。

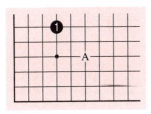

图1-11

如图1-11,左下角的黑1和A位都是超高目。

【三三】棋盘上坐标为（3，3）的位置叫作三三，每个角上只有1个三三，棋盘上共有4个三三。

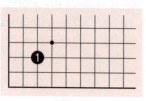

如图1-12，左下角的黑1即为三三。

图1-12

【边】边也是围棋盘上的方位。如图1-13，棋盘上共有4个边，即上边、下边、左边、右边。

【中腹】角和边之外的区域，称为中腹，也称中央。

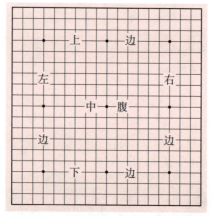

图1-13

烂柯　传说晋代有个叫王质的樵夫，在上山砍柴时遇到童叟二人下棋，驻足观战。不想一局棋过后，已转瞬数百年。自己立在一边的斧子，木柄都已经烂掉了。这才知道观棋时入了仙境。

棋盘本身没有上下左右之分，通常在围棋中提到的向上、向下的方位，指的是中腹方向和边线方向。也就是说，无论是在棋盘的上边、下边、左边、右边，只要是向棋盘的中腹行棋，都可以叫作向上，而向棋盘的边线行棋，都可以叫作向下。

3. 基础规则

【对子】这是最常见的下棋顺序。双方实力相近的情况下，一方执黑，一方执白，执黑的一方先走，双方轮流下子。这种局棋就叫作对子局，采用对子的方式下棋叫作下对子棋。

【猜先】猜先是围棋对子局中用来决定双方谁先行子的方法。

猜先的顺序是，先由一方（通常为长者或水平略高、成绩略好的一方）手握若干白子暂不示人。对方出示一颗黑子表示"奇数则己方执黑，反之执白"，出示两颗黑子则表示"偶数则己方执黑，反之执白"。

【分先】在三局两胜、五局三胜等淘汰赛中，对弈双方轮流执黑先走，称为分先。

【目】棋盘上一方围住的空交叉点或地域，叫作目。围了几个交叉点就是几目。

【贴目】双方对弈时，由于黑棋先走，有一定的先手威力，因此需要对白棋做出补偿，叫作贴目或贴子。通常中国的规则称贴子，日本和韩国的规则称贴目。

按中国现行的围棋规则规定，应由执黑的一方贴出 $3\frac{3}{4}$ 子。所以黑棋所占的地域必须超过 $184\frac{1}{4}$ 子（$180\frac{1}{2}+3\frac{3}{4}$）才能取胜。而白棋的地域只要超过 $176\frac{3}{4}$ 子（$180\frac{1}{2}-3\frac{3}{4}$）即可获胜。

按日本和韩国规则，分先对弈时，执黑的一方要贴出 6 目半（注意：在围棋中通常不说成 6.5 目）。

除此之外，在有"围棋界奥林匹克"之称的应氏杯世界职业围棋锦标赛中，使用应氏规则，黑棋需贴 8 点给白棋。

具体的数目方法，详见 374~377 页。

【让先】 让先对局时，由水平略低的一方执黑先走。终局计算时，若按数子法计算，则黑棋不贴子，即各占 $180\frac{1}{2}$ 子为和棋，哪一方超过 $180\frac{1}{2}$ 即可取胜。若按数目法计算，黑棋不贴目，双方目数相等为和棋，目数多的一方获胜。

【让子棋】 又称授子棋，是一种在双方水平有差距时采取的对局形式。水平低的一方先在棋盘的指定位置上放若干黑子，然后白棋再下子。

手谈 对局时，双方均需默不作声，仅靠两指衔棋，在棋盘上比拼智慧，如同用手来交谈一般。以此而得名。

图 1-14，为让二子局的摆放形式。

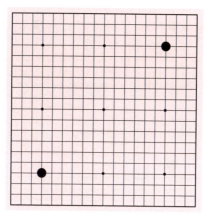

图 1-14

图 1-15~ 图 1-21 分别为让三子至让九子的摆放形式。

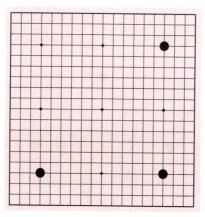

图 1-15

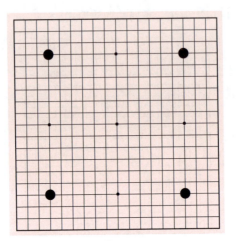

图1-16

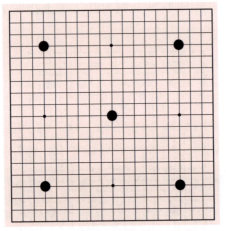

图1-17

木野狐　围棋盘是用木头做的,棋的下法千变万化、令人痴迷,有如妖魅灵狐一般,故称木野狐。

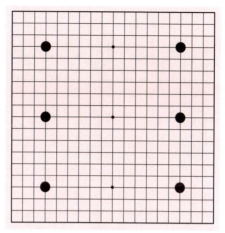

图1-18

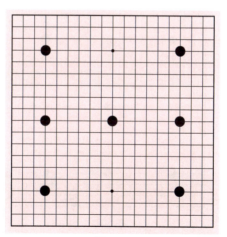

图1-19

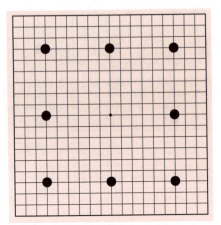

图 1-20

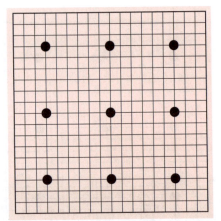

图 1-21

围棋九品 我国古代将围棋的水平定为九品：一品入神，二品坐照，三品具体，四品通幽，五品用智，六品小巧，七品斗力，八品若愚，九品守拙。其中一品等级最高。

【先手】【后手】如图1-22，先走棋的一方叫作先手方，简称先手。另一方则为后手。双方猜先或让先时，由黑棋下第一手，则黑棋先手，简称黑先。

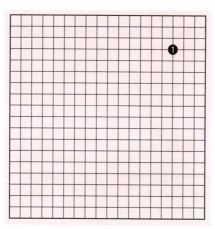

图1-22

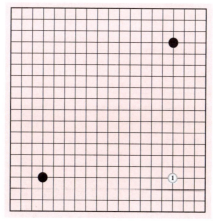

图1-23

如图 1-23，下让子棋时，白棋先下第一手，则称白先。

双方下某一局部时，如果此时轮到黑棋走棋，则称黑先，如轮到白棋走棋，则称白先。

除此之外，下完某一个局部后，轮到某一方走棋，也称这一方获得了先手。

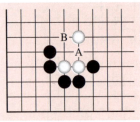
图 1-24

如图 1-24，这是一个局部棋形，如此时黑先，则可下在 A 位吃掉白棋二子。如此时白先，则可下在 B 位补一手棋。这就是局部先手和后手的区别。

【气】棋盘上的棋子，其上下左右以直线相连的空交叉点，称为气。

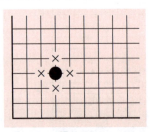
图 1-25

如图 1-25，4 个 × 位为图中黑子的气，这颗黑子有 4 口气，简称 4 气。

围棋段位 "段位" 一词是根据日本围棋规则而来的。我国古代的围棋水平则以 "品" 来分级。我国台湾地区仍沿用古制，如著名棋手周俊勋一品，其段位相当于职业九段。

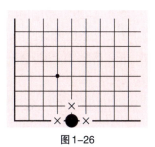

图 1-26

如图 1-26,位于棋盘边线上的单个棋子有 3 口气。

图 1-27

如图 1-27,位于棋盘角端的单个棋子有 2 口气。

没有气的棋子必须从棋盘上拿走。

凡是不与棋子直线相连的交叉点,都不是该棋子的气。

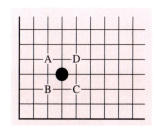

图 1-28

如图 1-28,A、B、C、D 都不是黑子的气。

若相邻交叉点已经被对方棋子占据,那么它也不是该棋子的气。

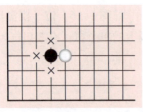

图1-29

如图1-29，黑子相邻的一个交叉点已经被白子占据，那么这颗黑子就只剩下3口气（×位）。

多个棋子的气：一方的多个棋子连在一起，那么这些棋子的气数就是每个棋子气的总和，再减去重复的气。

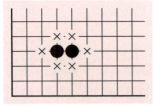

图1-30

如图1-30，数一数就知道，这两个并排的黑子有6口气。

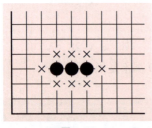

图1-31

如图1-31，这三个并排的黑子有8口气。

围棋职业段位　围棋职业段位从初段到九段，用汉字数字表示。段数越大，代表棋力越强。

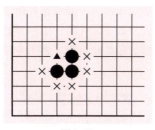

图 1-32

如图 1-32，这三个黑子有 7 口气。它比图 1-31 中三个并排的黑子少 1 口气的原因是▲点为两颗黑子共有的气，所以要减去 1 口气。

【禁着点】也称禁入点，意思就是"不许往此处下子"。

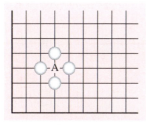

图 1-33

棋盘上某个交叉点（图 1-33 中的 A 位），当黑棋落子后，会造成自己的棋子没有气，但又不能立刻提走白棋的棋子，那么这个交叉点，就是黑棋的禁着点。

我国《围棋竞赛规则》明确规定，不准在自己一方的禁着点下子！

图 1-34、图 1-35 中的 A 位都是黑棋的禁着点。

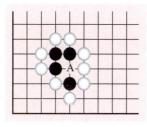

图 1-34

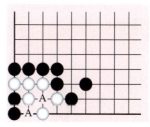

图 1-35

【不入气】 棋盘上的某些交叉点，一方通常不能在此下子（如该方在此下子，就只剩1口气了，下一手就被对方提掉了），这种情况即称为该方在这一点上不入气，简称不入气。

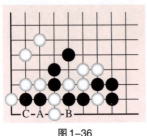

图1-36

如图1-36，A、B两点，黑棋如果在此下子的话，就只剩1口气而会被白棋提掉。我们可以说，A、B两点黑棋不入气。黑棋如下A位，则白棋可在C位提吃黑棋。

注意：不入气不是禁着点。不入气虽然不是下子的好地方，但它并不是禁着点，还是可以把子下进去的。

下在不入气的地方，有时候也是有用处的，比如围棋手筋中的倒脱靴，有时候就需要下在不入气的地方。小说《天龙八部》中所描绘的珍珑棋局，其破解的方法，其实也是第一手下在不入气的地方。

在实战中，一方经常利用另一方不入气，给其造成很多麻烦。

围棋业余段位　围棋业余段位分为"级"和"段"，用阿拉伯数字表示。先入级，再入段。从32级到1级，级数越小，代表水平越高。段从1段到6段，段数越大，代表棋力越强。

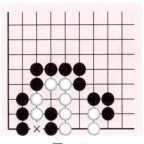

图 1-37

如图 1-37，×位白棋不入气，此时即便轮到白棋走棋，也没法做出两只眼，因此整块白棋已经死掉了（一块棋的死活问题详见第 4 章）。

4. 第一手下法

如图 1-38，在下猜先棋或让先棋时，黑棋的第一手棋应当下在棋手正坐时棋盘的右上角，如黑 1（其他常用的角的位置也可）。这是一种礼节，意思是方便对手下一手棋可以下在距离他最近的位置。而在下让子棋时，对于白棋的第一手并没有限制。

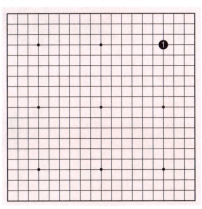

图 1-38

第 2 章 围棋基本术语

很多爱好者在看围棋书或看电视网络围棋节目时常常会遇到一个问题,那些书中讲的、视频里说的术语"我根本就不知道是什么意思!"

没关系,看了这一章,这一切将迎刃而解!

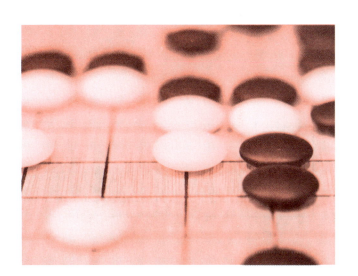

1.打

【打吃】又叫作打或叫吃,指一方落子后,对方的某个子或某些子只剩下1口气,如果不应,下一手就会被提掉。

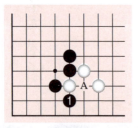

图2-1

例 如图2-1,黑1打吃白棋一子。白棋如不应,黑棋再在A位下一子,就把白棋提掉了。

例 如图2-2~图2-5,黑1都属于打吃。

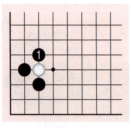

图2-2

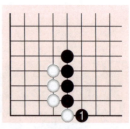

图2-3

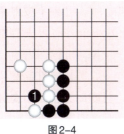

图2-4

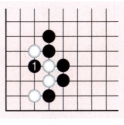

图2-5

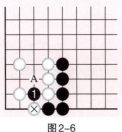

图2-6

例 如图2-6，黑1虽然也让白×一子处于仅剩1口气的状态，但黑1自己也只剩下1口气了。下一手白棋走在A位就可以把黑棋提掉。因此黑1通常不能叫作打吃，而叫作扑（详见76页）。

例 如图2-7，黑1扑。

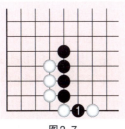

图2-7

【反打】 当对方打吃己方棋子时,己方不按照常规逃出自己被打吃的子,而是从另一个方向再去打吃对方的棋子,就叫作反打。

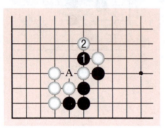

图 2-8

例 如图 2-8,黑 1 打吃时,白 2 不在 A 位粘,而是反打黑 1 一子。

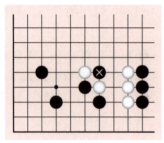

图 2-9

例 如图 2-9,黑 × 打吃,白棋该怎样走?

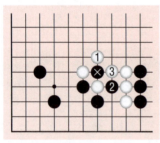

图 2-10

如图 2-10,黑 × 打吃时,白 1 如在 2 位粘,则白棋棋形将变得非常笨重,因此白 1 反打,黑 2 提,白 3 打吃,白棋构成好形。

【勒打】像勒住对方脖子一样反打的着法，叫作勒（lēi）打，也叫作勒（lēi）吃。勒打常常是为了封住对方。

例 如图2-11，黑1即为勒吃。

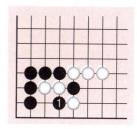

图2-11

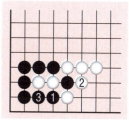

图2-12

如图2-12，白2提一子后，黑3打吃，黑棋角上获得了利益。

2. 提

【提】把对方的一个或多个棋子包围起来，堵住其所有的气，这样就可以把这些没有气的棋子从棋盘上拿掉了，这个动作叫作提，也叫作提子或拔。

提一个棋子是2目（对方曾用一手棋占这个点，己方提后获得这个点，一出一入为2目），一方提一个子后再填上自己的棋子，则这个点就只剩1目。

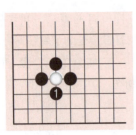

图2-13

例 如图2-13,黑1提掉白棋一子。这时,黑棋一方就可以从棋盘上把白棋一子拿掉,放回白棋的棋盒里,是不是很爽?

图2-14

例 如图2-14,黑1吃掉白棋二子,同样是提。

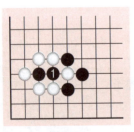

图2-15

例 如图2-15,黑1提掉白棋一子。尽管这时黑棋二子处于被打吃状态,黑1提的动作也是成立的。

例 图2-16、图2-17中的黑1也都是提。

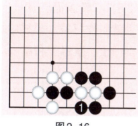

图2-16

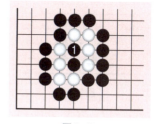

图2-17

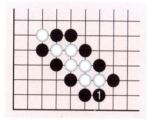

图2-18

例 如图2-18，有哪些白子被提掉了？读者朋友们可以在图上用铅笔标一下。

【打拔】先打吃对方一子，待对方应（也可不应）后，再提掉这个子，这两手棋统称为打拔。

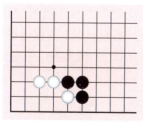

图2-19

例 如图2-19，黑先，角上的棋形，黑棋怎样走可以获得利益？

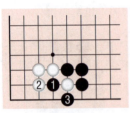

图2-20

如图2-20,黑1断吃,白2打,黑3提。黑1、3两手就叫作打拔。黑棋吃掉白棋一子,获得了利益。

【一气吃】一方连续打吃(使被打吃的棋子始终只有1口气),最后仍然是以打吃的手段吃掉对方棋子,叫作一气吃。

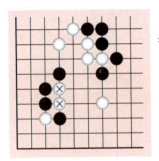

图2-21

例 如图2-21,黑先,黑棋能吃掉白×二子吗?

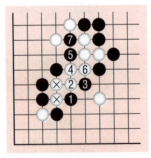

图2-22

如图2-22,黑1、3、5连续打吃白棋,白棋始终只有1口气,最终被一气吃。

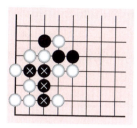

图 2-23

例 如图 2-23，黑先，黑 × 四子被包围了，还有办法获救吗？

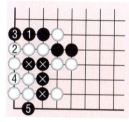

图 2-24

如图 2-24，黑棋只剩 2 口气，但黑 1、3、5 连续打吃后，白棋反而被一气吃，黑 × 四子获救。

【打二还一】也叫作提二还一，指的是在某些场合，当一方提掉对方两子时，对方可以立即回提一子。

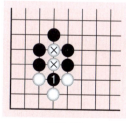

图 2-25

例 如图 2-25，黑 1 提掉白 × 二子。

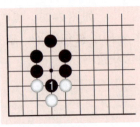

图 2-26

如图 2-26，这是黑 1 提掉之后盘面的情况。我们可以看到，黑 1 也只剩 1 口气。

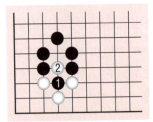

图 2-27

如图 2-27，接下来，白 2 提掉黑 1 一子。打二还一的过程完成。

【打三还一】类似打二还一，打三还一指的是当一方提掉对方三子时，对方可以立即回提一子。

例 如图 2-28，黑 1 提掉白棋三子，白 2 在 × 位回提，完成了打三还一的过程。

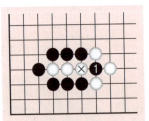

图 2-28 （② = ⊗）

打二还一有妙用　巧妙利用打二还一，可以达到特殊的效果，例如用打二还一做眼或者渡过。

3. 长

【长】紧连着自己的棋子向上下或横向左右延长一子就叫作长（cháng）。

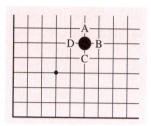

如图 2-29，黑棋现在向 A、B、C、D 四点任意下一颗子都叫作长。长是围棋最基本的下法之一。

图 2-29

另外，黑棋在被打吃的时候，向无子的方向下一个子，也可以叫作长。

例　图 2-30~图 2-33 中的黑 1 都可以叫作长。

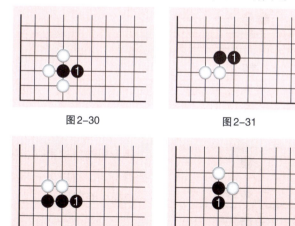

图 2-30　　　　　　　　图 2-31

图 2-32　　　　　　　　图 2-33

4. 退

【退】在双方的棋子接触时,将被对方挡住的棋子向自己的棋子方向(或相对空旷的方向)长一路,叫作退。

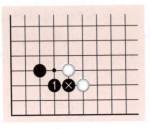

例 如图 2-34,黑 1 就是向自己的角里退。

图 2-34

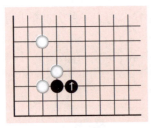

例 如图 2-35,黑 1 退,则是退向棋盘相对空的地方,也就是对方势力较弱的方向。

图 2-35

在对方冲击己方时,己方的棋子抵挡不住,也可以向后退一手。

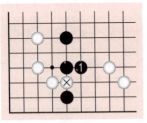

例 如图 2-36,白 × 冲,因为周围白棋很强,黑棋抵挡不了,所以黑 1 只好退,把损失降到最低。

图 2-36

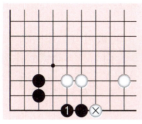

图 2-37

例 如图 2-37，白 × 挡，黑 1 是位于棋盘一路的退。

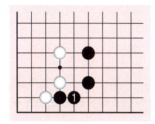

图 2-38

例 如图 2-38，黑 1 是位于棋盘二路的退。

5. 立

【立】紧靠着自己原有的棋子向边线行棋，叫作立，也叫立下或下立。立也可以看作是一种特殊的长。

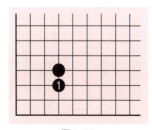

图 2-39

例 如图 2-39，黑 1 从原有的四线走向三线即为立。

立的作用：加强自己，威胁对方。

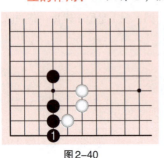

图 2-40

例 如图 2-40，黑 1 是一路的立，它的作用是获得了一些实地，同时对白棋右边有一定影响。

图 2-41

例 如图 2-41，黑 1 是二路的立，对局部的攻防起到很大的作用。

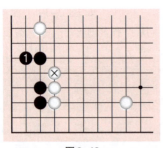

图 2-42

例 如图 2-42，白 × 长，黑 1 二路立下，加强自己，这是角上常见的棋形。

立的作用：阻渡。

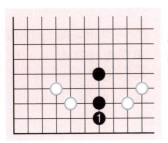

图 2-43

例　如图 2-43，黑 1 二路立下，有效地防止白棋连成一体。

图 2-44、图 2-45 中的黑 1 通常不能叫作立。

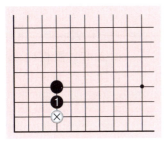

图 2-44

例　如图 2-44，黑 1 走棋的方向虽然也是向下，但由于下方已经有白 × 子，因此只能叫作顶（详见 51 页）。

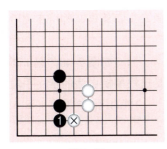

图 2-45

例　如图 2-45，黑 1 走棋的方向虽然也是向下，但由于碰到了准备入侵的白 × 子，因此只能叫作挡（详见 41 页）。

立的位置：立通常是指五线以下的子向棋盘边缘长，如果位置太高，通常就只叫作长，而不再叫作立。

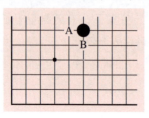

图2-46

例 如图2-46，黑棋向A、B两点任意走一个子，都不再叫作立。

6. 爬

【爬】 黑棋在二线及二线以下沿着与棋盘边平行的方向长，叫作爬。爬也可以看作是一种特殊的长。

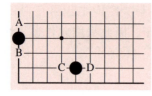

图2-47

如图2-47，黑棋向A、B、C、D四点任意长一个子，都叫作爬。

爬的作用：做活。爬一般发生在低位，所以在做活中很常用。

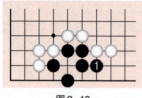

图2-48

例 如图2-48，黑1爬是这块黑棋做活的唯一手段（一块棋的死活详见第4章）。

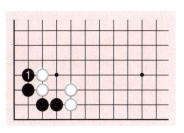

图2-49

例 如图2-49，黑1爬，是争取让自己活得更舒服的好手段。

爬的作用：连接。把两块孤棋连在一起，也常常要利用爬这一手段。

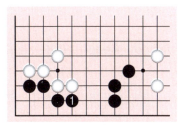

图2-50

例 如图2-50，黑1爬，在白棋的压迫下于二线与另一块黑棋连上。

爬的作用：破空。

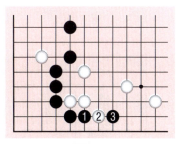

图2-51

例 如图2-51，黑1爬，白2挡，黑3夹，黑棋将白棋的空破掉。

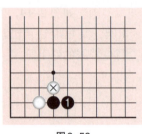

图 2-52

例 如图 2-52,黑棋被白×扳后走在1位,叫作爬还是叫作退呢?这种情况,通常叫作退,因为黑棋受到白棋的威胁,不得已退后一步。

7. 冲

【冲】黑1向白棋二子中间长,分开对方,叫作冲。冲也可以看作是一种特殊的长。

例 图 2-53~图 2-56 中的黑1都是冲。

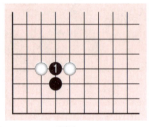

图 2-53

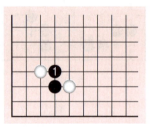

图 2-54

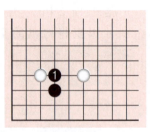

图 2-55

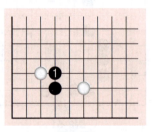

图 2-56

8. 挡

【挡】直接阻拦对方进入己方的空,或者防止对方冲出的着法,叫作挡。挡是一种维护己方利益的好手段,就像把自己家门关起来一样。

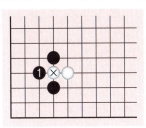

图 2-57

例 如图 2-57,面对白 × 的冲,黑 1 挡住。

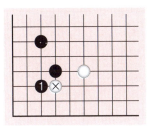

图 2-58

例 如图 2-58,黑 1 挡的目的,是为了防止白棋进入自己的领地。

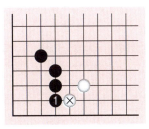

图 2-59

例 如图 2-59,黑 1 挡,同样是保护住角地。

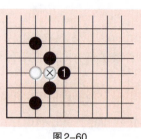

图2-60

例 如图2-60，面对白×的冲，黑1挡住，白棋死掉了。

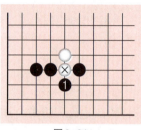

图2-61

例 如图2-61，面对白×的冲，黑1挡住，保持己方形状的完整。

9. 断

【断】把对方棋子分割成两部分，同时，己方落下的棋子与对方的两部分棋子直接接触，就叫作断。

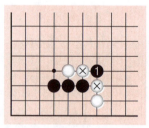

图2-62

例 图2-62~图2-64，黑1断。黑1之后，白棋的两处棋子就被分断开了。

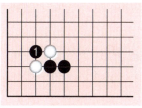

图2-63

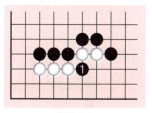

图2-64

与对方的两部分棋子没有同时直接接触,不能叫作断。

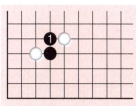

图2-65

例 如图2-65,黑1虽然也起到了分割对方两子的作用,但不能叫作断,只能叫作冲。

【**扭十字**】构成断,最少需要四颗棋子。双方各有两颗棋子形成互相绞断的状态,就叫作扭十字。用扭十字的方式断开对方,简称扭断。扭十字棋形对称,面对扭十字,最简单最好的应对方法就是被断的一方向一边长,围棋中有"扭十字长一方"的说法。

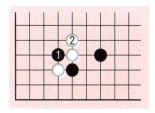

图2-66

例 如图2-66,黑1断,左边四颗棋子形成扭十字的形状。白2向一方长,双方激战由此开始。

【断打】一手棋同时具备断和打吃的特点，叫作断打，也叫断吃。

图2-67

例 如图2-67，黑1断打，白×一子被吃掉。

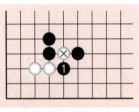

图2-68

例 如图2-68，黑1也是断打的一种情况。

10. 接

【接】将可能被对方断掉的棋子，连接成不可分割的状态，叫作接，又叫作粘或连。

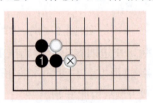

图2-69

例 如图2-69，白×扳时，黑1稳稳地接住。

活棋不必断 如果对方的两块或多块棋分别成活，就没有必要去切断它们。

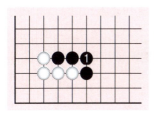

图 2-70

例 如图 2-70，黑 1 粘，使得自己的棋子连为一体，变得更加结实。

把被对方打吃到的棋子与己方其他棋子连接在一起，也可以称为接或粘，但一般不能叫作连。

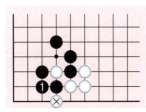

图 2-71

例 图中 2-71，面对白 × 的打吃，黑 1 接，避免被白棋提掉一子。

【棒接】棒接也叫棒粘，是一种接，走子之后，己方的子形成一条"棒子"（至少三子），非常结实。棒接一般在自己补棋时候才会用到。

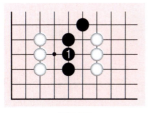

图 2-72

例 如图 2-72，黑 1 棒接补棋。

棒接的作用：用来抵御对方的攻击。

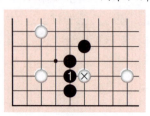

图 2-73

例　如图 2-73，面对白×的攻击，黑1棒接。

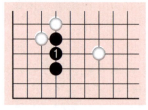

图 2-74

例　如图 2-74，面对白棋的扳，黑1棒接，非常坚固。

11. 扳

【扳】当棋盘上双方棋子并排紧挨在一起时，在对方棋子的头上落子，叫作扳。

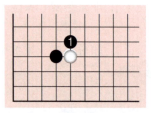

图 2-75

例　图 2-75 ~ 图 2-77 中的黑1都是扳。

逢碰必扳　对方的子来碰己方的子，通常要扳住它，要敢于与对方作战。

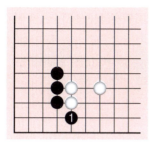

图 2-76

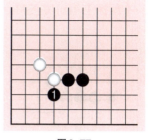

图 2-77

扳由于方向不同，有上扳、下扳之分。

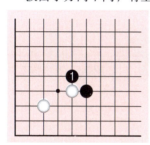

图 2-78

【上扳】 如图 2-78，黑 1 扳的位置远离边线，叫作上扳。

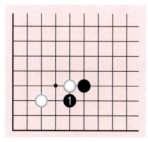

图 2-79

【下扳】 如图 2-79，对比一下图 2-78，黑 1 扳的位置靠近边线，叫作下扳。

【反扳】 当对方扳时，采用扳的着法应付，就叫作反扳。

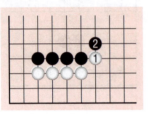

图 2-80

例 如图 2-80，白 1 扳，黑 2 反扳。

【连扳】 在己方扳了一手之后，当对方反扳时，己方再扳一手，就叫作连扳。

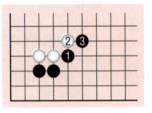

图 2-81

例 如图 2-81，黑 1 扳，白 2 反扳，黑 3 连扳。

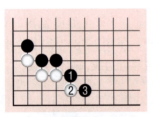

图 2-82

例 如图 2-82，黑 1 扳，白 2 反扳，黑 3 连扳。

二子头必长　二子头被扳住是恶形，如果己方是二子头，一定要长出去。

【扳二子头】黑棋的两个子和白棋的两个子紧紧地挨在一起，双方的气都比较紧，因此双方的子都叫作二子头或紧气二子头。在紧气二子头上扳非常有力，称为扳二子头或扳紧气二子头。

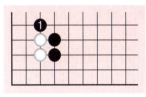

图2-83

例 如图2-83，黑1扳白棋二子头。

【紧气二子头连扳】即在紧气二子头上连扳。这是一件很愉快的事情。

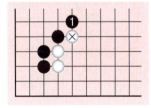

图2-84

例 如图2-84，在白×反扳之后，黑1紧接着连扳，将白棋压制住，黑棋非常主动。

【三连扳】一方连扳后，对方反扳，一方再扳所形成的棋形，叫作三连扳。

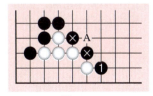

图2-85

例 如图2-85，黑1和黑×二子构成了三连扳。

注意：三连扳会被对方在A位双吃（详见123页）。

12. 尖

【尖】 在己方原有棋子的斜上或斜下一路处行棋,称为尖。由于尖的步调较小,人们也称它为小尖。在实战中,尖是一种很坚实的下法,通常它的棋形不会太坏。

如图2-86,黑1尖。同时,黑棋走在A、B、C三处都是尖。

例 如图2-87,黑1尖,使自己变得更加坚实的同时,威胁白棋,并且扩大了自己的势力范围,可谓一箭三雕。

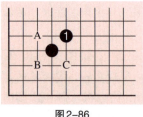
图2-86

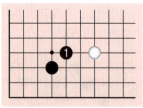
图2-87

尖的作用: 逃跑。

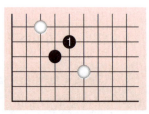
图2-88

例 如图2-88,黑棋星位一子遭到两颗白子的围攻。如果白棋再下一子,就会把黑棋包在里面。此时黑1尖,逃出了白棋的包围圈。

棋逢难处用小尖 碰到对方围追堵截的困难局面时,用小尖逃跑相对不易被切断,更容易成功。

尖的作用：获利。

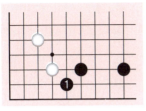
图2-89

例 如图2-89，黑1尖，不但自己的实空多了起来，而且下一步可进入白空。

13. 顶

【顶】直接顶撞对方棋子的着法，就叫作顶。换一种说法就是在对方棋子行棋方向的棋子头上下子。使用顶的着法时，通常周围有自己的子力接应。

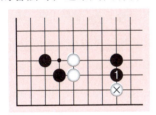
图2-90

例 如图2-90，黑1顶。

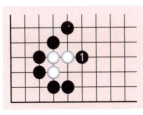
图2-91

例 如图2-91，黑1顶，借助周围的强大子力，吃掉白棋三子（吃子的内容详见第3章）。

051

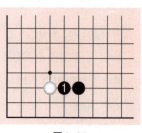

图2-92

例　如图2-92，黑1也是顶的一种。

【尖顶】一方棋子下在尖的位置上，同时又起到顶撞对方棋子的作用，就叫作尖顶。

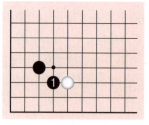

图2-93

例　如图2-93，黑1尖顶。它既和左边的黑子形成尖，又顶撞到了右边的白子。

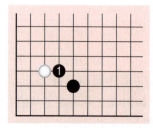

图2-94

例　如图2-94，黑1尖顶，攻击白棋角上一子。

一团气促宜鼻顶　对付走成一团的棋子，从其出头的方向鼻顶，是非常严厉的着法。

【鼻顶】在对方棋子正前方的顶，叫作鼻顶。鼻顶多是针对对方笨拙、凝重的棋形而施展的一种着法，它比一般的顶更具威力。

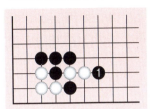

图 2-95

例　如图 2-95，黑 1 好像顶在白棋的鼻子上，令白棋很难受。

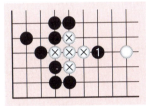

图 2-96

例　如图 2-96，白 × 五子气紧，黑 1 鼻顶后，白棋几乎动弹不得。

14. 碰、靠

【碰】紧挨着对方的单个棋子下一子，叫作碰。

图 2-97

例　如图 2-97，黑 1 碰。

碰的作用：碰是一种实战中很常用的行棋手段，它可以试探对方虚实、强弱，可以用于侵入，也可以用来完善己方棋子的形状。

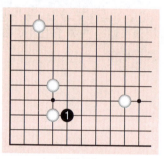

图2-98

例　如图2-98，黑1碰，试探白棋的应手。

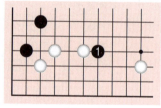

图2-99

例　如图2-99，黑1碰，目标是侵入下边的白空。

【靠】在附近有自己子力的情况下，紧靠对方的棋子落子的手段，叫作靠。有时候，它也和碰通用。

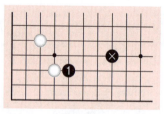

图2-100

例　如图2-100，黑1借助×位黑子，靠向白子。

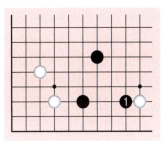

图 2-101

例 如图 2-101,黑 1 借助中腹黑子,靠向白子,是有力的一手。

碰和靠的区别:一般来说,碰的子往往是孤立无援的。

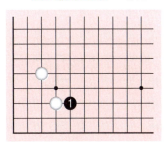

图 2-102

例 如图 2-102,黑 1 就属于碰。

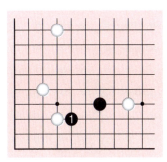

图 2-103

例 如图 2-103,黑 1 应当算作靠。

15. 搭

【搭】一手棋，在与己方距离较近的另一子（通常为中腹的子）呼应的同时，紧贴在对方的棋子上，叫作搭。

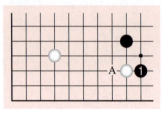

图2-104

例　如图2-104，黑1搭在白棋一子上。同样，黑1下在A位，也是搭。

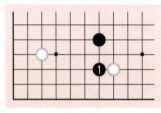

图2-105

例　如图2-105，黑1搭。这个棋形像不像把胳膊伸过去和对方勾肩搭背？

16. 贴

【贴】紧挨着对方的棋子连续下子，叫作贴。

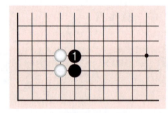

图2-106

例　如图2-106，黑1紧紧贴住白子。

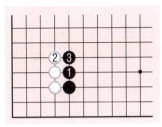

图 2-107

【连贴】如图 2-107，黑1贴，白2长，黑3再贴，叫作连贴。

17. 跳

【跳】在己方原有棋子的同一条横线或直线上间隔一路下子，叫作跳。

例 图 2-108~图 2-111，黑1都属于跳。

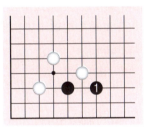

图 2-108

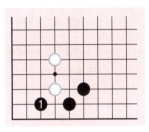

图 2-109

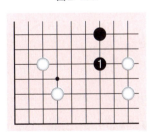

图 2-110

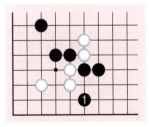

图 2-111

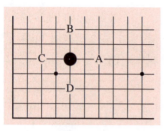

图2-112

如图2-112，黑棋走A、B、C、D，分别是向右跳、向上跳、向左跳、向下跳。

跳的作用： 逃跑。跳由于步伐较快，作用也很明显，因此它是逃跑的好方法。

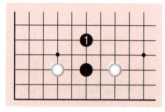

图2-113

例 如图2-113，黑棋一子受到两颗白子的攻击。此时黑1往上跳是好手，"大步流星"地逃出了白棋的包围圈。

跳的作用： 分断或阻渡。

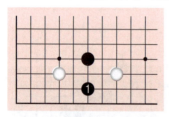

图2-114

例 如图2-114，黑1跳，阻碍了两边白子的连接，从而在战斗中获得了主动。

逢关无恶手　单关无论在棋形连接还是出头时，行棋的速度和稳定性都很适中，用这一手段行棋通常不会出现明显的坏棋。

跳的作用：破坏。

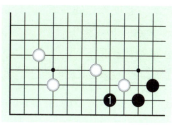

例 如图 2-115，黑 1 跳入，破坏白空，白棋很心疼。

图 2-115

【关】关也可以看作是跳的一种，但一般都指向上跳或者平行跳，且只能隔一路，也称为单关。

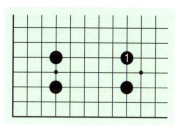

例 如图 2-116，黑 1 关，扩张下边的阵势。

图 2-116

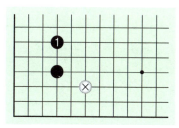

例 如图 2-117，面对白×挂角，黑 1 单关守角。

图 2-117

【大跳】如果嫌单关步伐有点慢，那么可以试试大跳。相隔两路的跳，叫作大跳，也叫作二间跳。

例 如图2-118，黑1大跳，步伐很快。

大跳的作用：可以用在阵势的扩张上。

例 如图2-119，黑1大跳，迅速扩张棋盘左下方的阵势。

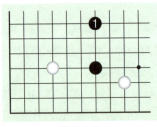

图2-118　　　　　　图2-119

18. 飞

【飞】在原有棋子呈"日"字形的对角交叉点处行棋，叫作飞，也叫作小飞。这有点像中国象棋中的"跳马"。

例 如图2-120，黑1飞。反过来，相对于黑1来说，黑×也叫作飞。

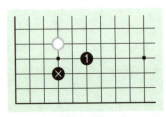

图2-120

出头争正面　指向中腹走棋时，最好要争取直线单关，这样棋形正、速度快，效率也更高。

例 图2-121和图2-122中的黑1都是飞。

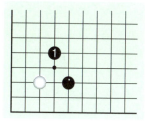

图2-121

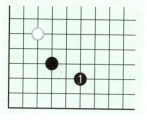

图2-122

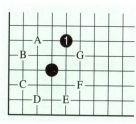

图2-123

如图2-123，黑1飞，如黑棋下在从A至G其他7个点，也都叫作飞。我们看出，对于棋盘中间的某一个交叉点，有8个小飞的方向。

飞的作用：守住实空。

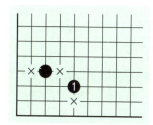

图2-124

例 如图2-124，黑棋在角上走1位小飞时，×印以内就基本上变成了黑棋的势力范围。这就是著名的小飞守角。

飞的作用：步调很快地逃出。

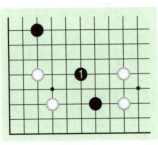

图 2-125

例 如图 2-125，黑 1 飞，是为了很快地逃出白阵。

【大飞】在原有棋子呈"目"字形的对角交叉点处行棋，叫作大飞。

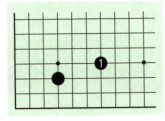

图 2-126

例 如图 2-126，黑 1 大飞。

大飞的步调比小飞更快。但它没有小飞那么坚固。

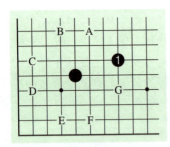

图 2-127

如图 2-127，类似小飞，对于棋盘中间的某一个交叉点，大飞也有 8 个方向。黑 1 以及从 A 至 G 这 8 个点，都叫作大飞。

【超大飞】超大飞就是比大飞更远一路的着法。

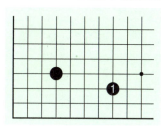

例 如图2-128，黑1超大飞。

图2-128

【象步飞】在原有棋子呈"田"字形的对角交叉点处行棋，叫作象步飞。我们看到，象步飞的形状很像中国象棋中"象"的走法，这个名字就是这么来的。

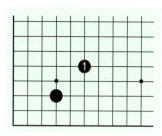

例 如图2-129，黑1象步飞。

图2-129

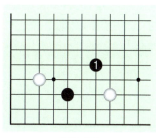

例 如图2-130，这是象步飞的常见棋形。

图2-130

【穿象眼】 有了象步飞，自然就有了穿象眼。走在对方象步飞中间的位置，就叫作穿象眼。

例 如图 2-131，黑 1 穿象眼。

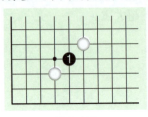

图 2-131

19. 托

【托】 在边角上紧挨着对方棋子的下一路走棋，叫作托。

例 如图 2-132，黑 1 托。黑棋走在 A 位也叫作托。

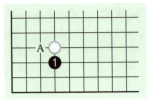

图 2-132

例 如图 2-133，黑 1 托，这是角部变化中常见的棋形。

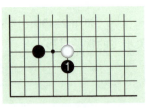

图 2-133

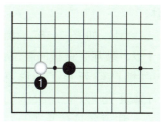

图 2-134

【托角】如图2-134，黑1托，由于是向角里的方向托，因此叫作托角。

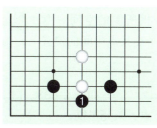

图 2-135

例 如图2-135，黑1托，把被分隔开的两边黑棋连在一起。

20. 点

【点】下在对方所围空间的中间位置，叫作点。点的范围很大，应用也很广泛。

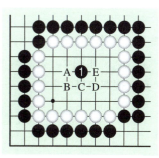

图 2-136

例 如图2-136，黑1点。黑1以及A至E都可以叫点，但是，除了这6个点之外，其他位置由于与白棋挨在一起，因此通常不叫作点。

点的作用：破坏对方眼位。

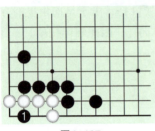

图2-137

例 如图2-137，黑1点，破坏了白棋的眼位，白棋已经死掉了（详见154页）。

注意：虽然黑1与白棋挨在一起，但是由于白棋所围的空间只有3个交叉点，因此，黑棋下在这3个交叉点中间的位置上，也叫作点。

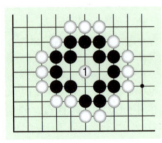

图2-138

例 如图2-138，白1点，杀死黑棋。

点的作用：深入对方的阵地，直击要害。

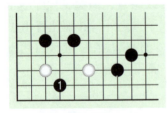

图2-139

例 如图2-139，黑1点，搜取白棋的根据地。

点的作用：试探对方的应手。

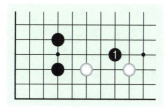

图2-140

例 如图2-140，黑1点，看白棋如何应付再做打算，是以静待动的好手。

点的作用：冲击对方弱点的手段。

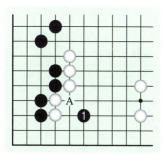

图2-141

例 如图2-141，黑1点，瞄着白棋A位的弱点，令白棋十分痛苦。

【透点】穿过敌阵，深入对方空隙的点，叫作透点。好的透点，一般都是妙手。前文中图2-139即为透点。

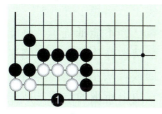

图2-142

例 如图2-142，黑1透点，好棋。

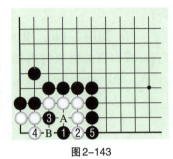

图2-143

如图2-143，白2挡，黑3断，白4立，黑5立（打吃），黑棋下一手就可以在A位将白棋的5个子提掉了。事实上，由于黑1、3，白棋在A、B两点都不入气，无论白4走在哪里，白棋都已经死了。

例 如图2-144，黑1透点也是掏空的好棋，白棋非常被动。

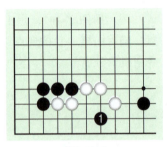

图2-144

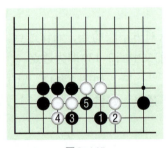

图2-145

如图2-145，白2挡，黑3托，白4挡，黑5断，左边白棋三子被断吃。事实上，当黑1透点时，白棋已经不能抵抗了，只能酌情选择让黑棋从右侧连回或者从左侧连回，白棋在边上所围的空间已被黑棋掏空。

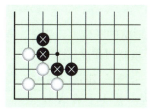

图 2-146

【方】如图 2-146，由黑×四子构成的形状叫作方。

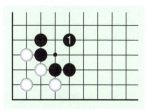

图 2-147

【跳方】如图 2-147，黑 1 跳在方的正中位置，叫作跳方或补方，我们可以说"黑 1 方一手"或者"黑 1 方"。跳方之后，黑棋的形状十分完整。

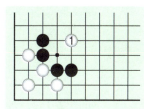

图 2-148

【点方】点方仍然和方的形状有关。如图 2-148，白 1 点在黑棋方的要害位置上，称为点方。点方是破坏这种棋形的有效手段。被点方后，黑棋的棋形一下子就坏掉了，非常难受。

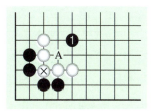

图 2-149

例　如图 2-149，因为×位有白子，A 位不是断点，黑 1 对白棋没有构成威胁，不能叫作点方。

21. 虎

【虎】在己方棋子呈小尖形状的基础上，再下一手，使之构成"品"字形，这一手棋就叫作虎。

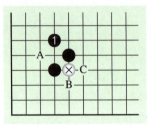

图2-150

例　如图2-150，黑1虎。黑1下在A处也叫作虎。如黑1下在B、C处，由于有白×的存在，不能叫作虎，只能叫作打吃。

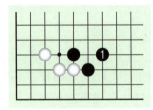

图2-151

例　如图2-151，黑1是常见的虎的棋形。

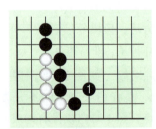

图2-152

例　如图2-152，黑1也是常见的虎。

虎口遇扳常需退　对方在己方虎口上扳，常用的应法是冷静地退一手。

虎的作用：虎是一种防止对方棋子切断己方联络的手段。

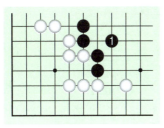

图2-153

例 如图2-153，黑1虎，白棋无法再切断黑棋

虎的作用：由于虎状的棋子弹性大，常用于做眼。

例 如图2-154，黑1虎，做眼。

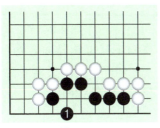

图2-154

【虎口】如图2-155，虎形三子包围的空的交叉点，就是虎口。A位即为虎口。

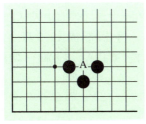

图2-155

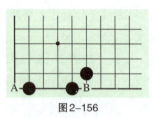

图2-156

如图2-156，A位是角上的虎口，而B位是边上的虎口。

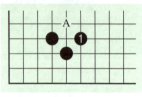

图2-157

【上虎】如图2-157，虎口向上，也就是向着中腹虎，叫作上虎。黑棋下在1位或A位都是上虎。

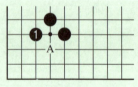

图2-158

【下虎】如图2-158，虎口向下，也就是向着边线虎，叫作下虎。黑棋下在1位或A位都是下虎。

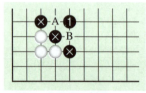

图2-159

【双虎】如图2-159，黑×三子呈连续的小尖状，黑1一手棋形成A、B两个虎口，黑1这手棋就叫作双虎。

双虎的作用： 补断。

虎口切断常虚跳　虎口在能被对手切断时，可以虚跳一下，准备勒吃滚打。

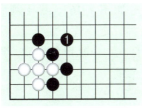

图 2-160

例 如图 2-160，黑 1 双虎，是效率最高的补棋手段，一手棋补掉了两个断点。

22. 刺

【刺】下在紧挨在对方虎口、断点等处的一手棋，再下一手就将直接冲击对方的棋形，这一手棋就叫作刺。被刺的棋形通常需要立即应对，否则在棋形上会出现大的漏洞。

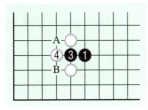

图 2-161（②脱先）

例 如图 2-161，黑 1 刺，白 2 脱先（即局部不应，于他处走一手），黑 3 冲，白 4 挡，白棋出现 A、B 两个断点。

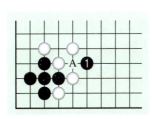

图 2-162

例 如图 2-162，黑 1 刺。一般来说，白棋必须在 A 位补一手。

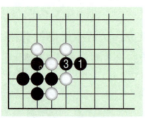

图2-163（②脱先）

如图2-163，黑1刺后白棋置之不理（脱先），黑3打吃，白棋形状崩溃，损失惨重。

刺的作用：巩固己方子力之间的联系。

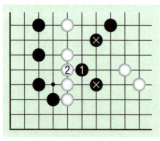

图2-164

例　如图2-164，在没有走黑1之前，黑×两子非常薄弱，于是黑1刺，逼迫白2接，黑棋先手巩固了两颗黑子之间的联系。

刺的作用：让对方形状变坏。

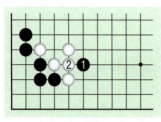

图2-165

例　如图2-165，黑1刺，白2不得不粘，白棋形状变坏。

23. 挖

【挖】在对方的单关中间下一子,叫作挖。挖在对局中,往往是比较有力的手段,常用于冲击对方的联络,或是给对方棋形造成缺陷。

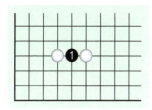

图2-166

例 图2-166~图2-168中的黑1都是挖。

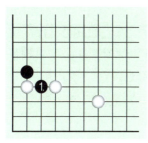

图2-167

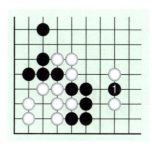

图2-168

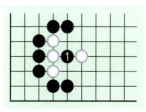

图2-169

例 如图2-169,黑1挖,实际上已经吃掉了白棋三子。这是一个很有名的棋形,叫作乌龟不出头,我们后面会讲到。

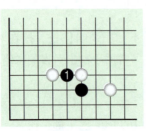

图2-170

例　如图2-170，黑1挖，白棋不好下。

24. 扑

【扑】故意往对方的虎口中下子，叫作扑。扑之后，自己的这颗棋子只剩1口气。扑这个手段能够产生很多妙手。

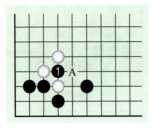

图2-171

例　如图2-171，黑1扑，此时黑1一子只剩了1口气。

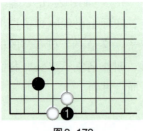

图2-172

例　图2-172~图2-174中的黑1都是扑。

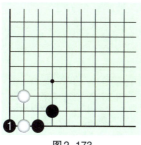

图2-173　　　　　　图2-174

扑的作用：紧气。

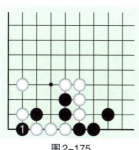

例　如图2-175，黑1扑，只此一手白棋三子被吃，黑棋得救。

图2-175

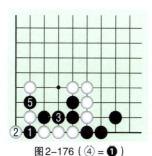

如图2-176，接下来，白2提，黑3打吃，白4粘，黑5打吃，白棋被一气吃。

图2-176（④=❶）

例 如图2-177，黑1扑，是制胜的妙手。

如图2-178，接下来，白2提，黑3打吃，至黑5，白棋被一气吃。

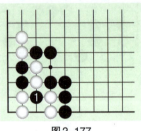

图2-177

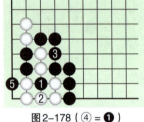

图2-178（④=❶）

【倒扑】倒扑是扑的一种，是在对方虎口内投一子，如果对方提吃，己方仍可再吃回对方若干棋子的着法。由于好像打包一样吃掉对方更多的棋子，所以，倒扑又叫倒包。

例 如图2-179，黑1扑，白×二子被倒包。

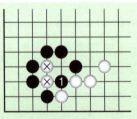

图2-179

弈秋　春秋时期的围棋第一高手，第一个有史书记载的围棋棋手。成语专心致志即由弈秋的两个学生对弈而来。

如图2-180,接下来,白2虽然能够提掉黑棋一子,但是此时白棋三子也只剩下1口气了,黑3可以在1位提掉白棋三子。

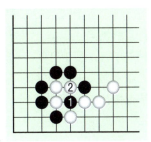

图2-180(❸=❶)

下面我们来看更多的例子。

例 如图2-181,黑1倒扑,白棋三子被吃。

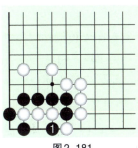

图2-181

例 如图2-182,黑1倒扑,一下子吃掉白棋四子,获利巨大。

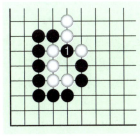

图2-182

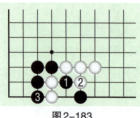

图2-183

例 如图2-183，黑1断，白棋陷入困境，只好在2位打吃。黑3打吃，白棋二子被吃。虽然黑1、3不是直接扑，但其原理是一样的，因此也可以称为倒扑。

【装倒扑】一方所下的一手棋，如果对方不应，即会产生倒扑，这着棋称为装倒扑。

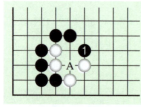

图2-184

例 如图2-184，黑1装倒扑，白棋如果不应，黑棋留有在A位倒扑吃掉白棋二子的手段。白棋若在A位粘，则黑棋先手使白棋棋形变差，白棋更加不好。

【双倒扑】双倒扑指的是下一手棋后，同时形成两个倒扑的形状。

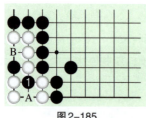

图2-185

例 如图2-185，黑1扑后，白棋所有的子都处于被打吃的状态。无论白棋走A位或B位，都因为只剩下1口气，而会马上被提掉！

王积薪　唐代开元初期著名棋手，被誉为唐代第一国手。相传《围棋十诀》即为其所作。

例 如图2-186，这是另一种双倒扑。黑1顶后，白棋已经无法动弹，接下来黑棋无论下在A位或者B位都能够形成倒扑，因此整块白棋全都死掉了。

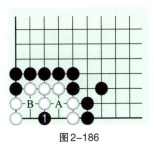

图2-186

25. 压

【压】紧挨着对方棋子的上一路下子，叫作压。

例 如图2-187，黑1压。

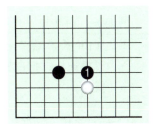

图2-187

压的作用：把对方棋子压制在低位。

例 如图2-188，黑1压，把白棋压在低位。

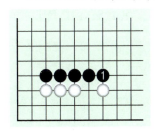

图2-188

压的作用：走强自己。

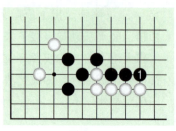

图2-189

例　如图2-189，黑1压，则是为了把棋走得厚实、强大。

【连压】在棋盘的低位连续压数子，叫作连压。

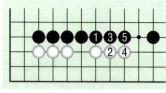

图2-190

例　如图2-190，黑1压，白2长，黑3压，白4长，黑5再压，黑棋连压，把白棋压在低位。

【飞压】采用飞的着法，将对方的棋子压制在低位，叫作飞压。

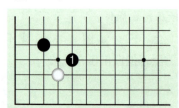

图2-191

例　如图2-191，黑1飞压白棋角上一子。

刘仲甫　北宋时期最著名的国手，著有《忘忧集》等著名围棋著作。

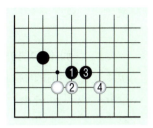

图 2-192

如图 2-192，接下来，白 2 长，黑 3 长，白 4 跳，黑棋成功地将白棋压在三线低位，同时自己获得了一定的外势。

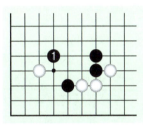

图 2-193

例 如图 2-193，黑 1 也是定式中常见的飞压走法。

26. 并、平

【并】在棋盘上原有棋子旁边的同一线路上紧挨着下子，叫作并。有时也可以和术语"平"通用。

例 如图 2-194，黑 1 并。

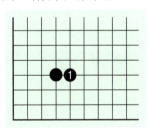

图 2-194

并的作用：使己方的棋变得更结实，这是一种防止对方挑衅、后发制人的手段。

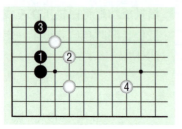

图 2-195

例 如图 2-195，黑1并，是角上的常见变化。以下至白4，为基本定式。

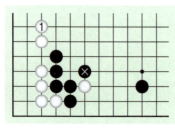

图 2-196

例 如图 2-196，黑×补之后，棋形已经没有任何破绽，此时白1并是冷静的一手，黑棋对白棋已经基本没有手段可使。

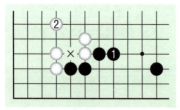

图 2-197

例 如图 2-197，黑1并，补强自身，同时瞄着×位的冲击，白2补一手也是一般的应对。

过百龄 明末棋坛造诣最深、名声最大的国手。有书记载，其十一岁时就通晓围棋中的虚势与实地、先手和后手、进攻和防守之间的关系及其处理的方法。

并和平的区别： 并与平，在很多情况下可以通用，但并可以用于与敌子相接触的情况，而平一般不与对方子力接触，且一般用于四线以上的高位。

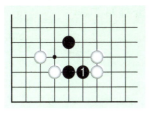

图2-198

例　如图2-198，黑1只能叫作并。

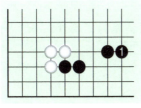

图2-199

例　如图2-199，黑1可以叫作平。

27. 双

【双】由两个单关挨在一起，叫作双，又叫双关。可以说，双就是两个并列的关。

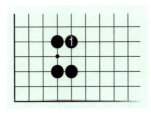

图2-200

例　如图2-200，黑1双。它与其余三子形成了两个关，也就是双关。日本围棋则称它为竹节形，看看它像不像两节竹子？

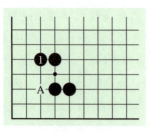

图 2-201

例 如图 2-201,黑 1 并,因为 A 位没有黑子,并没有构成两个并列的关,因此不能叫作双。

双的作用:连接,防止对方分断。双的形状厚实、坚固,有"双关似铁壁"的说法,是常用的补断方式。

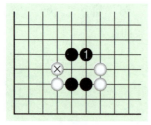

图 2-202

例 如图 2-202,黑 1 双就是为了不让白 × 一子断开黑棋。

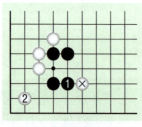

图 2-203

如图 2-203,黑 1 双,不仅漂亮地连接,而且碰伤了白 × 一子,一举两得。

黄龙士 清代围棋国手,与范西屏、施襄夏并称"清代三大棋圣",棋风不拘一格,留下十局名局"血泪篇",著有《弈括》。

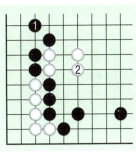

图 2-204

双的作用：补强自己。

例　如图 2-204，黑 1 补，白 2 双，自补一手，形成了比较结实的形状。若白棋不补，被黑棋在 2 位靠，白棋非常难受。

28. 挤、嵌

【挤】从原有的己方棋子出发，继续向对方棋子集中的地方插入的着法，叫作挤。挤通常针对虎或尖的棋形。

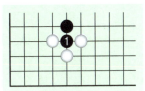

图 2-205

例　如图 2-205，黑 1 挤。

挤的作用：制造断点。使对方原本连接的棋形出现断点或其他毛病，命令对方补棋，有先手的意思。

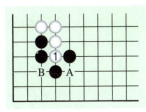

图 2-206

例　如图 2-206，白 1 挤，黑棋角上就出现了 A、B 两处断点。

挤的作用：渡过。

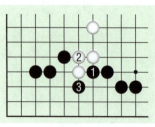

图2-207

例　如图2-207，黑1挤，白2只好粘住，黑3扳，将两块黑棋连在一起，黑1、3的手段就叫作挤过。

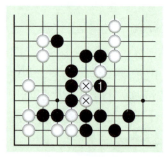

图2-208

例　如图2-208，黑1挤后，白棋重要的×位二子将被吃。

【嵌】在对方呈小尖棋形处挤一颗子，这颗子与己方子不相连且只有2口气，这步棋就叫嵌，也叫作卡（qiǎ）。嵌这个着法，大多数时候都是妙手哦！

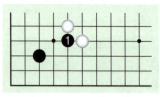

图2-209

例　如图2-209，黑1嵌。现在有很多东西都是"嵌入式"的，可能能给我们一些启发吧。

血泪篇　黄龙士授徐星友三子的十局棋，为古代让子棋的名局。

嵌的作用：使对方出现断点。

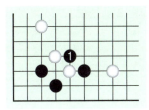

图 2-210

例　如图 2-210，这是常见的棋形。黑 1 嵌，是当下正确的走法之一，白棋的棋形较为难受。

29. 拐

【拐】将棋走成曲尺的形状，叫作拐，也可以叫作弯或曲。

例　图 2-211 和图 2-212 中的黑 1 都是拐。

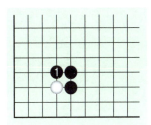

图 2-211

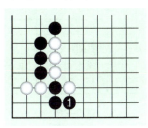

图 2-212

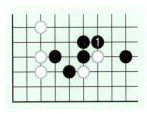

图 2-213

例　如图 2-213，这是角上常见的棋形。黑 1 拐，控制住白棋二子，黑棋很厚实。

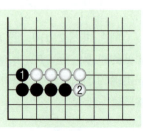

图 2-214

例　如图 2-214，黑 1 和白 2 都是拐。

30. 猴

【猴】让自己的棋空拐一手形成三角形的下法，叫作猴，也叫作弯。

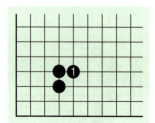

图 2-215

例　如图 2-215，黑 1 猴。

猴的作用：出逃。

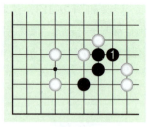

图 2-216

例　如图 2-216，黑 1 猴，形状很难看，但为了出逃，也不得不如此。

猴的作用：延气。

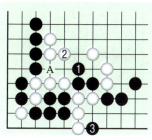

图 2-217

例 如图 2-217，黑 1 猴，白 2 必须应，否则黑棋可在 A 位吃掉白棋四子。黑棋多出 1 口气，黑 3 紧气，对杀黑胜。

31. 团

【团】将自己的棋连成愚形三角的下法，叫作团。团通常用来做眼。

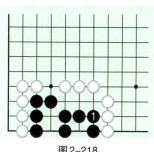

图 2-218

例 如图 2-218，黑 1 团，做眼，黑棋两眼活棋。

32. 跨

【跨】隔着对方的棋子，从己方的棋子一侧切入对方飞的棋形，叫作跨。

图 2-219 和图 2-220 中的黑 1 都是跨。

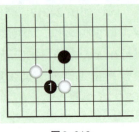
图 2-219

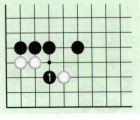
图 2-220

我们可以看出，跨的前提是需要有周围己方棋子的呼应和援助。

跨的作用：狠狠地切断。跨是一种用于切断飞的形状的严厉手段。因此跨在用于切断的时候，也叫作跨断。

例 如图 2-221，黑 1 跨断后，白棋实际已被断开，陷入被动。

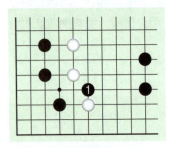
图 2-221

对付跨断软扳硬冲　在遭遇对方跨断时，如己方正面作战不利，可用软扳进行迂回作战；如作战有利，可强硬地冲断对方以获取利益。

跨的作用：壮大自己。

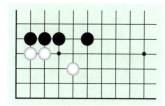

图 2-222

例 如图 2-222，黑先，这是角上的常见棋形，白棋占角，黑棋有一定的外势，但不够强大，怎样走可以壮大自己？

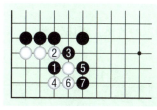

图 2-223

如图 2-223，黑 1 跨后，以下至黑 7，把白棋封在里面。其中，黑 1 的作用并不是为了断开白子，而是利用跨断弃子整形，获得厚实的外势。

33. 罩

【罩】将对方孤立无援的棋子，远隔着几路包围起来进行威胁的手段，叫作罩。罩并不是某个固定的行棋位置，而是一种行棋手法。

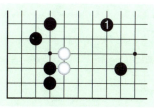

图 2-224

例 如图 2-224，黑 1 就是罩的典型手法。

罩的作用：攻击。通常用于攻击对方的孤棋，但往往不是为了吃掉它。

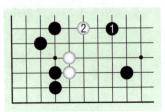

图 2-225

例 如图 2-225，黑 1 罩后，给白 2 留出了逃跑的空间，但黑棋今后可以借助攻击白棋获利。

【飞罩】以飞的形式达到罩的效果，叫作飞罩。

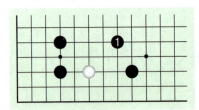

图 2-226

例 如图 2-226，黑 1 飞罩。

【大飞罩】以大飞的形式达到罩的效果，叫作大飞罩。

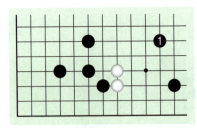

图 2-227

例 如图 2-227，黑 1 大飞罩。

清代围棋四大家　范西屏、施襄夏、程兰如、梁魏今。

34. 封

【封】 从较近的位置封锁对方棋子，让它不能向外部发展的着法，叫作封。封并不是某个固定的行棋位置，而是一种行棋手法。

例 如图2-228，黑1飞，封住了白棋角上一子逃出的去路，白棋只能原地寻求活路。

如图2-229，黑1封后，白2、4虽努力逃出，但仍然失败。

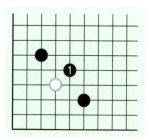

图2-228

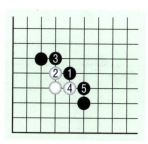

图2-229

封的作用： 封锁。限制对方向中腹发展或出头。

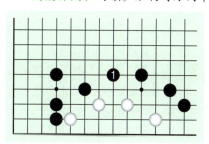

图2-230

例 如图2-230，黑1封，使得下边的白棋没法再向中腹挺进。

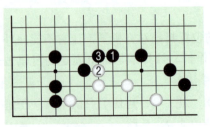

图 2-231

如图 2-231,黑 1 封,白 2 冲,但黑 3 挡住,白棋还是没法逃出。

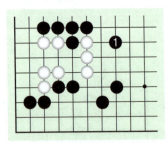

图 2-232

例 如图 2-232,黑 1 封,这块白棋已经没有向外逃跑的可能,只能在边上做活。

封的作用:吃子。

【**封吃**】利用封的手段来吃掉对方棋子,叫作封吃。

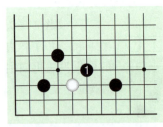

图 2-233

例 如图 2-233,黑 1 封,虽然看上去包围圈并不紧凑,但白棋一子已经无法逃脱。由于白棋无法做出眼位,因此白棋一子已经死掉。

当湖十局 清代著名国手范西平与施襄夏在浙江平湖对弈的十局棋,是我国围棋古谱中的典范。

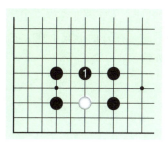

图 2-234

例 如图 2-234，黑 1 也是封吃的一个例子。

【飞封】采用飞的方式达到封的效果，叫作飞封。

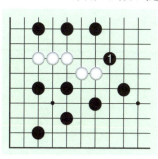

图 2-235

例 如图 2-235，黑 1 飞封，白棋没法逃出，已经死掉了。

【跳封】采用跳的方式达到封的效果，叫作跳封。

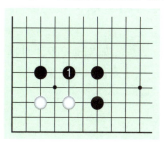

图 2-236

例 如图 2-236，黑 1 跳封。

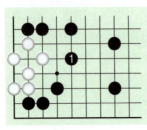

图 2-237

例 如图 2-237，黑 1 跳封，在外面形成了强大的外势。

【尖封】采用尖的方式达到封的效果，叫作尖封。

例 如图 2-238，黑 1 尖封。

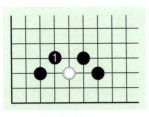

图 2-238

35. 夹

【夹】一方用两子将另一方的棋子夹在中间的行棋方法，叫作夹。夹一般来说有两种，即紧夹与夹攻。

【紧夹】紧靠对方棋子的夹，叫作紧夹，是接触战中常用的手段。

例 如图 2-239，对白 × 一子来说，黑 1 夹。

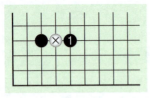

图 2-239

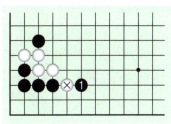

图 2-240

例 如图 2-240，对付白 × 的扳，黑 1 夹，好棋，白棋难受。

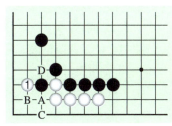

图 2-241

如图 2-241，白 1 夹，妙手。如黑 A，白 B，黑 C，白 D，黑棋吃不掉白棋，自己反而被吃。

【夹攻】不与对方棋子接触的夹，叫作夹攻，也叫作夹击。夹攻一般发生在棋盘的边上，它的目的主要是攻击对方。

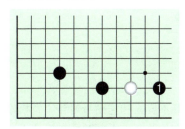

图 2-242

例 如图 2-242，黑 1 夹。

【高夹】位于四线的夹击，叫作高夹。

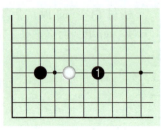

图2-243

【一间高夹】如图2-243，位于四线的宽一路的夹击，叫作一间高夹。

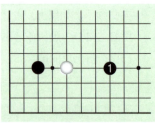

图2-244

【二间高夹】如图2-244，位于四线的宽二路的夹击，叫作二间高夹。

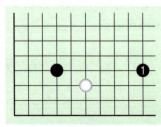

图2-245

【三间高夹】如图2-245，位于四线的宽三路的夹击，叫作三间高夹。

攻击一块棋时，最好不要去和它贴身搏斗。宽松地攻击，从远处包围，反而能获取更大利益。例如攻击孤子或孤棋，夹攻就是一种不错的选择。

【低夹】位于三线的夹击,叫作低夹。

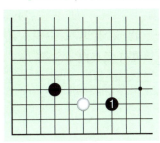

图2-246

【一间低夹】 如图2-246,位于三线的宽一路的夹击,叫作一间低夹。

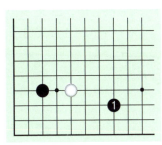

图2-247

【二间低夹】 如图2-247,位于三线的宽二路的夹击,叫作二间低夹。

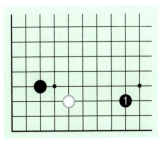

图2-248

【三间低夹】 如图2-248,位于三线的宽三路的夹击,叫作三间低夹。

【反夹】对对方夹的一子采取夹的动作，叫作反夹。

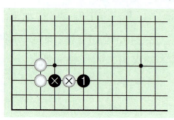

图 2-249

例 如图 2-249，白×夹黑×一子，而黑1反夹白×一子。

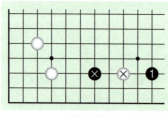

图 2-250

例 如图 2-250，与紧夹类似，白×夹黑×一子，黑1反夹白×一子。

36. 拆

【拆】也叫开拆，一般指的是三四线（多为三线）棋子沿边线方向，按照一定间距行棋。拆是布局的常用着法。

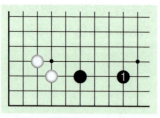

图 2-251

例 如图 2-251，黑1拆。

拆,根据距离和位置的不同,有不同的名称。

【拆一】相隔一路的拆,叫作拆一。也就是在已有的三四线棋子间隔一路的位置上平行下子。

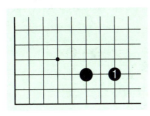

图2-252

例 如图2-252,黑1拆一。

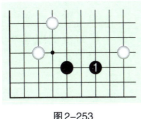

图2-253

例 如图2-253,黑1拆一,很容易在白阵中做活。在对方势力中走棋,由于没有过大的开拆余地,经常会采用拆一的着法,非常扎实。

【拆二】相隔二路的拆,叫作拆二。也就是在已有的三四线棋子间隔二路的位置上平行下子。

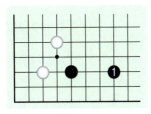

图2-254

例 如图2-254,黑1拆二。

拆二是拆的着法中最常见的。它的一大作用就是拓展自己的势力范围。

例 如图2-255，黑1拆二，是很好的拓展自己势力的手段，若反过来被白棋在A位拆二，则差别巨大。

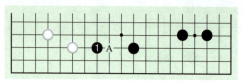

图2-255

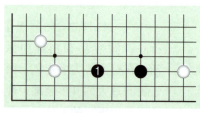

图2-256

例 如图2-256，黑1拆二，在白棋势力范围内基本安定下来。

如果有开拆余地的话，拆二在做活生根方面显然要比拆一效率更高。

【**拆三**】相隔三路的拆，叫作拆三。也就是在已有的三四线棋子间隔三路的位置上平行下子。

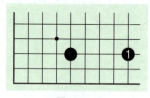

图2-257

例 如图2-257，黑1拆三。

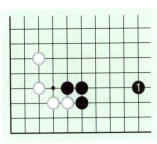

图 2-258

例 如图 2-258，由于黑棋三子已经比较厚实，黑1拆三，效率要比拆二高。

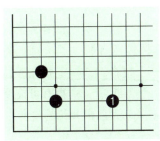

图 2-259

例 如图 2-259，由于黑棋左下角整体较为厚实，黑1可以拆三，不怕白棋打入。

【立二拆三】通常，从竖立的两个子开拆，间隔三路比较合适，即立二拆三。

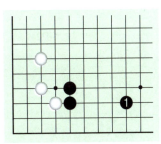

图 2-260

例 如图 2-260，黑棋二子成为"立二"的棋形，此时采取间隔三路的1位开拆，是最佳选择。

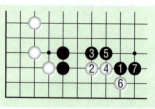

图2-261

如图2-261，立二拆三不怕对方的攻击。黑1拆，白2如贸然进攻，则黑3轻松盖住，至黑7，白棋丝毫不占便宜。

当然，如果对方周围子力较强，即使自己一方是"立二"，也应当拆小一路。

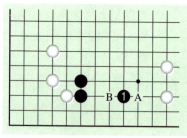

图2-262

例 如图2-262，黑1拆二是合适的选择，如一定要在A位拆三，则很有可能受到白棋B位的攻击。

【立三拆四】通常，从竖立的三个子开拆，间隔四路比较合适，即立三拆四。

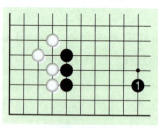

图2-263

例 如图2-263，黑1立三拆四。

【高拆】从三四线的子力出发，拆在四线，叫作高拆。

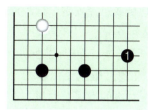

图2-264

例 如图2-264，黑1高拆。

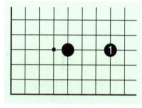

图2-265

例 如图2-265，黑1也是高拆。

37. 逼、拦

【逼】逼并不是某个固定的行棋位置，而是一种行棋手法。

逼的第一个意思是以相对紧凑的方式，对边上的对方棋子构成威胁。

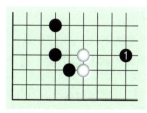

图2-266

例 如图2-266，黑1逼，对白棋二子构成严重威胁，白棋下一步要考虑逃脱了。

逼的第二个意思,是从边上三线或四线尽量接近对方的棋子,以防止对方扩张地域或迅速安定。这种逼一般只会跟对方的棋子相隔一路。

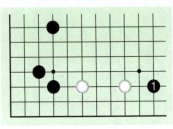

例 如图 2-267,黑 1 逼,限制了白棋二子往右边的发展,白棋二子尚未活净,将会陷入被动。

图 2-267

例 如图 2-268,黑 1 凭借右下角的强大厚势,直接逼到距离白棋很近的位置上,既限制了白棋的发展,又扩张了自己的势力,很有咄咄逼人的气势。

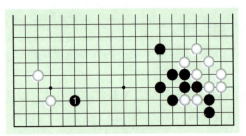

图 2-268

【拦】阻止对方棋子向前进的着法,叫作拦。拦并不是某个固定的行棋位置,而是一种行棋手法,通常与对方的棋子不直接接触。

拆逼应从宽处拦 遇到对方分投,己方拆逼对方的棋,一般都选择走在宽的一边。

例 如图 2-269，当白 × 试图向右边发展时，黑 1 拦，挡住了白棋的发展方向。

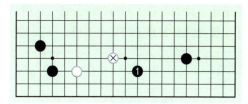

图 2-269

拦与逼的区别：拦和逼的着法很类似，但拦不必那么紧凑。而在阻挡对方进攻时走出的着法，一般只叫作拦。

例 如图 2-270，黑 1 拦，与白棋相隔两路，并不十分紧凑。

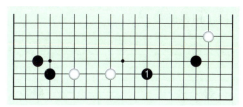

图 2-270

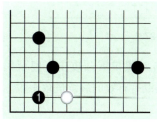

图 2-271

例 如图 2-271，面对白棋的侵分（详见 278 页），黑 1 拦，防止白棋侵入角部，而其本身对白棋并没有造成很大的威胁，不能叫作逼。

38. 尖冲

【尖冲】 在对方边上（通常是三线或四线）一子的左右斜上方下子，因为下在了对方尖的位置上，所以叫作尖冲，由于也像是在对方棋子的肩上下棋，又被叫作肩冲。

例 如图 2-272，黑 1 尖冲。黑棋如果下在 A 位，也是尖冲。

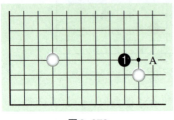

图 2-272

尖冲的作用： 压缩对方势力规模。

例 如图 2-273，白棋下边的势力很大，黑 1 尖冲，有效地削减了白棋的势力。

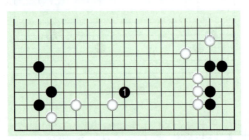

图 2-273

如图 2-274，白 2、4、6 对黑棋展开攻击，但至黑 7，黑棋已经扬长而去，白棋没有有效的后续进攻手段。

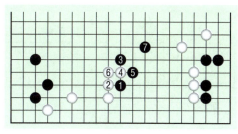

图 2-274

尖冲的作用：压迫对方低位的棋子，扩张自己的势力。

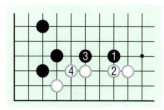

例 如图 2-275，黑 1 尖冲，至白 4，黑棋先手把白棋盖在下面了。

图 2-275

39. 镇

【镇】一方的棋子下在另一方棋子向中腹跳或大跳的位置，这手棋叫作镇，俗称镇头或镇神头。

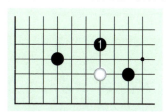

例 图 2-276~图 2-278 中的黑 1 都是镇。

图 2-276

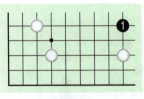
图2-277

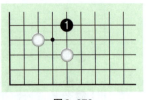
图2-278

例 如图2-279,黑1和白子之间相差两路,也可以叫作镇。

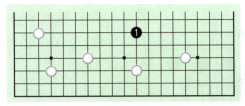
图2-279

镇的作用: 压制。镇是阻挡对方向中央发展,削减对方势力的重要手段。

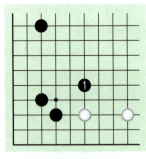
图2-280

例 如图2-280,黑1镇,压制白棋向中腹的发展。

逢镇飞来应 遇到对方镇头,通常可以用飞来应对。

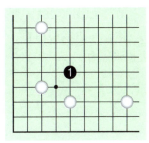

图2-281

例 如图2-281，黑1在白棋势力范围内镇，不让白棋发展得太容易。

镇的作用：攻击。

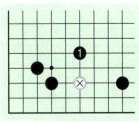

图2-282

例 如图2-282，白×一子明显孤单，于是黑1借助周围的势力镇头，白×一子非常困苦。

【飞镇】采用飞的着法，兼起镇的作用，叫作飞镇。飞镇常用于扩张中央模样。

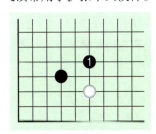

图2-283

例 如图2-283，黑1飞镇，对于角上星位的黑子是飞，对于白子则是镇。

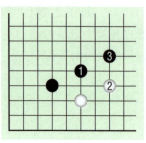

图2-284

例 如图2-284，黑1、3飞镇，一边威胁白棋，一边扩张势力。

【曲镇】在对方棋子向上关的位置处下子（也就是镇），与己方原有的棋子形成"曲尺"形，叫作曲镇。

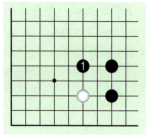

图2-285

例 如图2-285，黑1曲镇。

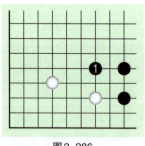

图2-286

例 如图2-286，黑1曲镇，扩张自己，同时削弱白棋左边形势。

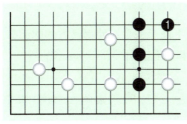

图 2-287

例 如图 2-287，黑 1 曲镇，出头更加畅通。

40. 吊

【吊】在对方势力范围上方侵消的着法，叫作吊。吊并不是某个固定的行棋位置，而是一种行棋手法。

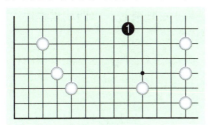

图 2-288

例 如图 2-288，黑 1 吊。

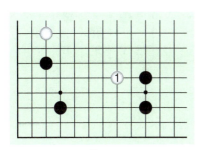

图 2-289

例 如图 2-289，白 1 吊是侵消黑棋势力的好手。

41. 渡

【渡】 在对方棋子的下面走一手,使得己方的两部分棋子从棋盘边缘(通常指三线以下)获得联络的着法,叫作渡,也叫作渡过。

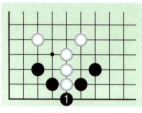

例 如图 2-290,黑 1 一路渡过。

图 2-290

例 如图 2-291,黑 1 二线渡过,将两块棋连成一片,并且获得了很多目数。

例 如图 2-292,黑 1 三线连回,也勉强可以叫作渡过。

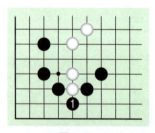 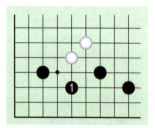

图 2-291   图 2-292

相邻浮子要联系 己方没有根据地的浮棋、孤子,一定要想办法连在一起,孤棋块数过多,会被对方欺负。

【飞渡】 以飞的形式渡过,叫作飞渡。

如图 2-293,黑 1 飞渡。

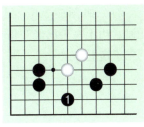

图 2-293

【尖渡】 以尖的形式渡过,叫作尖渡。

例 如图 2-294,黑 1 尖渡。即使白棋在 A 位冲,黑棋在 B 位渡过即可。

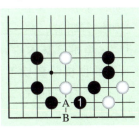

图 2-294

【扳渡】 以扳的形式渡过,叫作扳渡。

例 如图 2-295,黑 1 扳渡,角上二子和下边一子成功连上。

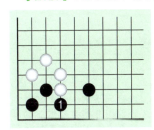

图 2-295

【托渡】 以托的形式渡过,叫作托渡。

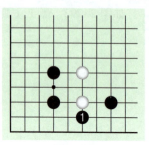

例 如图 2-296,黑 1 托渡,边上一子已经和角上的二子连上。

图 2-296

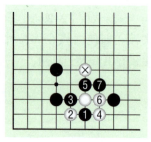

如图 2-297,黑 1 托时,白 2 如强行阻渡,黑 3 断,至黑 7,黑棋已基本连好,而下边的白棋需要后手做活,白 × 子也被碰伤,白棋得不偿失。

图 2-297

日本围棋四大家 日本围棋史上,以本因坊家、井上家、安井家、林家四家地位最高、历史最久,他们并称为日本围棋四大家。四大家里公认本因坊家为首,林家为末,井上家与安井家则平分秋色。日本旧制名人多出自此四家。四家世袭于 20 世纪中期结束。

第3章 吃子

初学者下棋的时候,最快乐的事情莫过于把对方的棋子吃掉。当然,瞎吃是不行的,俗话说"臭棋见吃甜如蜜"嘛。学会吃子的方法和技巧是下出好棋的第一步。

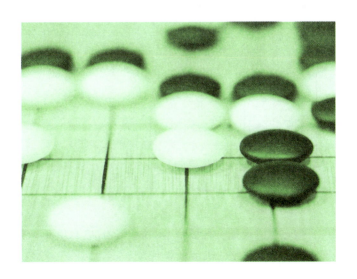

1. 抱吃

【抱吃】也称包吃,这是一种用以围吃对方棋子的着法,指的是将对方的棋子紧紧地包起来,使之没法逃跑。

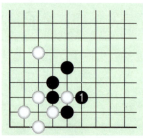

图 3-1

例 如图 3-1,黑 1 和其他黑子把白子紧紧地"抱"起来,吃掉了。

注意:抱吃不要抱错了位置!

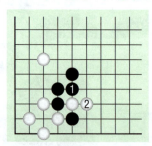

图 3-2

如图 3-2,黑 1 抱吃位置不对,于是白 2 就逃掉了。

抱吃可以说是一种最基本、最牢靠的吃子方法,被抱吃的棋子,逃跑的机会非常小。

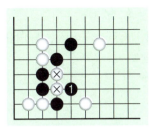

图 3-3

例 如图 3-3,黑 1 抱吃,白 × 二子已无法逃走。

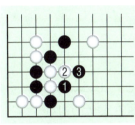

图 3-4

如图 3-4,白 2 如打算逃跑,黑 3 继续抱吃,白棋损失更大。

2. 门吃

【门吃】 像关门一样把对方围住吃掉的吃子方法,叫作门吃,也叫作关门吃。

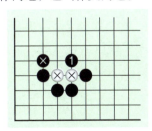

图 3-5

例 如图 3-5,黑 1 是标准的门吃。黑 1 和黑 × 构成一个门的形状。白 × 二子已经被关在里面跑不掉了。

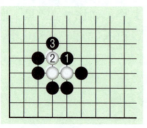

图 3-6

如图 3-6，白 2 如逃，黑 3 正好"关门"，将白棋提掉。

当然，门吃的"门"可以开得大一点。只要确定对方跑不掉就可以。

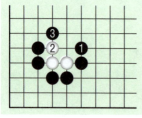

图 3-7

如图 3-7，黑 1 也叫作门吃，白 2 试图跑掉，但正好被黑 3 迎头按住。

门吃是可以制造出来的。

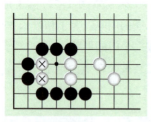

图 3-8

例　如图 3-8，黑先，能够吃掉白 × 二子吗？

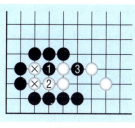

图 3-9

如图 3-9，黑棋不能直接门吃白棋，因此黑 1 打吃，迫使白 2 接上，黑 3 一下子门吃掉五个白子。事实上，当黑 1 打吃的时候，白棋只能另走他处，白 × 二子已经被吃掉了。

3. 双吃

【双吃】双吃也叫双打或双叫吃，即一方下一手棋，能够同时打吃对方两边的棋子，而且必能提掉其中的一边。通常来说，被双吃的一方往往会感到有些难办。

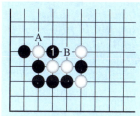

图 3-10

例　如图 3-10，黑 1 同时打吃白棋一子和二子，白棋无论走在 A 位或 B 位，都会被黑棋提掉一边。

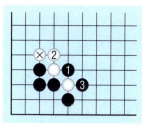

图 3-11

例　如图 3-11，黑 1 双吃，由于有白 × 子的存在，白 2 粘这一边，黑 3 提另一边。

4. 征吃

【征吃】利用对方棋子只有2口气，不断扭拐、打吃的吃子手段，叫作征吃，又叫作征、征子、拐羊头（一方不断扭拐、打吃，另一方被迫不断扭拐逃出，因此被形象地叫作拐羊头）、扭羊头，是基本吃子方法之一。

例 如图3-12，黑1打吃，构成了征吃的基本形状。白×一子已无法逃脱。

如图3-13，如白2强行逃出，黑3以下连续打吃，把白棋逼到棋盘角里，至黑21，白棋最终被吃。

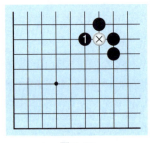

图3-12

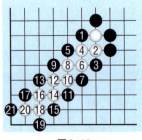

图3-13

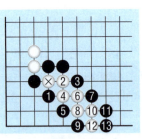

图3-14

例 如图3-14，本例虽然离棋盘边线很近，但符合征吃的特点，也叫作征吃。

在对局中，征吃方向的选择非常重要。

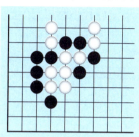

图 3-15

例 如图 3-15，黑先，黑棋看上去四分五裂，能不能吃到白棋团在一起的六子是关键。

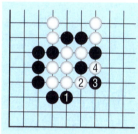

图 3-16

如图 3-16，黑 1 征吃方向错误，被白 2、4 提掉黑棋一子，黑棋失败。

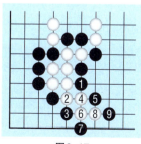

图 3-17

如图 3-17，黑 1 方向正确，至黑 9，吃掉白棋。

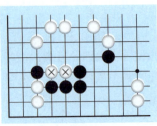

图 3-18

例 如图 3-18，黑先，黑棋能吃掉白×二子把自己连起来吗？

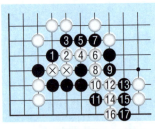

图 3-19

如图 3-19，本图虽然有些复杂，但仍然使用了征吃的方法，要注意方向。黑 1 沿路一直征吃下去，至黑 17，白棋终于被吃。

【征子关系】征吃时，在征子方向上的棋形状况，叫作征子关系。征子关系有征子有利和征子不利两种情况。

【征子有利】【征子不利】在征子方向所对应的一片区域内没有双方棋子或被征吃方的接应子，对于征吃方叫作征子有利，另一方叫作征子不利。

判断征子是否有利，最简单的方法就是看一下在征子区间上，是否有对方的棋子。如果征子区间上没有对方的棋子，那么征子有利。如果征子区间上有对方的棋子，则很有可能征子不利。

【征子区间】 在征子方向上有6条能够影响征子关系的斜线，叫作征子区间，也叫作征子六线。征吃对方棋子的时候，一定要好好关注自己的征子区间。

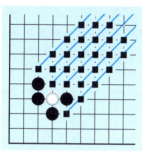

如图 3-20，如果沿着这六条斜线有对方的棋子，那么征吃通常是不成立的。

图 3-20

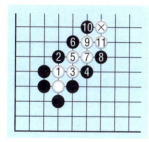

图 3-21

例 如图 3-21，白 × 子位于征子六线上，白 1 逃出后，黑 2 以下如强行征吃，则至白 11，白棋逃出，黑棋征吃失败。因此，我们说黑棋征子不利，或者说白棋征子有利。

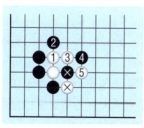

图 3-22

如图 3-22，白 × 虽然在一个不起眼的地方，但白 1 逃出后，黑 2 如征吃，白 3 正好形成打吃，白 5 可以提掉黑 × 一子，黑棋征吃失败。因此，黑棋征子不利，白棋征子有利。

在征子六线上，有对方的棋子，并不一定征子不利。

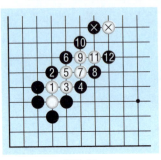

图 3-23

例 如图 3-23，白×虽然在征子六线上，但是，黑棋也有黑×来帮忙。至黑 12，白棋还是逃不掉。

注意：征子不利时，不能征子！

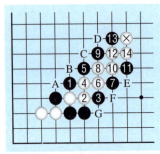

图 3-24

例 如图 3-24，黑棋征子不利。黑 1 仍选择征吃，白×一子正好接应在那里，白 14 粘，黑棋已经无法吃掉白棋。反观黑棋，从 A 至 G，留下了一堆断点，不可收拾。

【引征】征子时，一方在征子六线上放上一子作为接应，使己方征子成立或使对方征子不成立，这样的着法叫作引征。被征子的一方引征时，如征吃一方提掉被征子，则被征吃方可以在引征子附近再下一子（等于在此处连下两子），虽然被提掉一子有损失，但从引征的地方可以获得其他利益作为弥补。这是围棋常用战术之一。

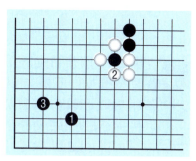

图 3-25

例　如图 3-25，黑 1 引征，白 2 提，黑 3 再走一手得到角地，可以满意。

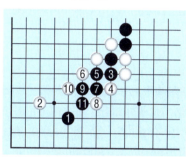

图 3-26

如图 3-26，白 2 如不提而应黑 1 之着，则黑 3 逃出，至黑 11，白棋无法征吃掉黑棋，引征有了效果。

【反征】这是一种复杂的征吃形式，指的是先向一个方向征吃对方棋子，再向相反的方向征吃，直到吃掉对方。

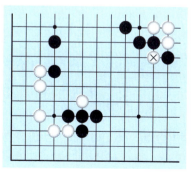

图 3-27

例　如图 3-27，黑先，黑棋能吃掉白×一子吗？

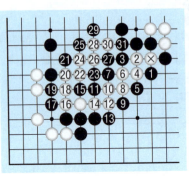

图 3-28

如图 3-28，黑 1 至黑 15 是往左下方向征吃；而黑 17 以后则是开始往右上方向征吃，与之前的方向正好相反，因此叫反征。至黑 31，白棋最终被吃。

5. 枷吃

【枷吃】自己的子力像枷锁一样，封住对方棋子并吃掉的吃子手段，叫作枷吃，也叫作封吃。

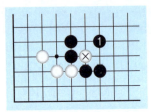

图 3-29

例 如图 3-29，黑 1 枷。黑 1 和其他四子对白 × 一子构成枷的形状。

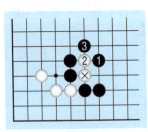

图 3-30

如图 3-30，黑 1 枷吃后，白 × 一子已经跑不掉了，白棋若一意孤行，至黑 3，白棋损失更大。

例 如图 3-31，黑先，怎样才能吃掉白 × 一子？

如图 3-32，黑 1 如采用征吃的手段，则至白 10，由于白▲子的接应，黑棋征子不利，无法吃掉白 × 一子。

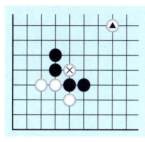

图 3-31　　　　图 3-32

例 如图 3-33，黑 1 枷，吃掉白 × 一子。

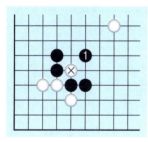

图 3-33

枷吃可以用在吃掉多个子的情形上。

例 如图 3-34，黑 1 是吃掉白棋二子唯一的手段。

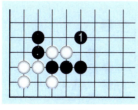

图 3-34

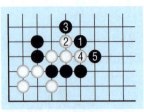

图 3-35

如图 3-35,白2、4试图逃出,但黑3、5滴水不漏,牢牢地吃住白棋。

【飞枷】用飞的手段枷对方的棋子,叫作飞枷。飞枷也是吃掉对方棋子的好手段。

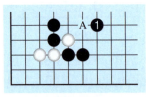

图 3-36

例 如图 3-36,黑1飞枷,其实比在A位跳枷更加生动,更高效。

6. 夹吃

【夹吃】利用夹的手段来吃掉对方棋子,叫作夹吃。

例 如图 3-37,这是定式之后的常见形状。黑1夹,牢牢地吃住白×一子。

如图 3-38,白2至黑5,黑棋获得很大利益。

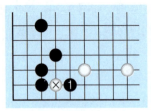

图 3-37

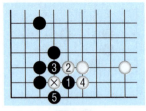

图 3-38

第4章 死活

比起吃子,本章的内容又进了一步,从几个子的吃与被吃到一整块棋的死活,我们发现,自己的棋力又晋级啦!

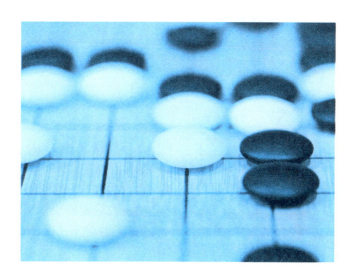

1. 眼

一般来说，一块棋有两只真眼才能活。

【眼】一方的几个棋子围住一个或几个交叉点，这些交叉点就叫作眼。眼有真眼和假眼之分。

【真眼】由一方几个紧密连接在一起的棋子围住的眼，叫作真眼，也叫作实眼。通常，真眼也简称为眼。

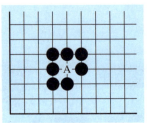

图4-1

如图4-1，A位是黑棋围住的棋盘中间的一只真眼。

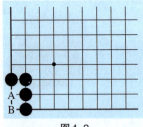

图4-2

如图4-2，A、B是黑棋围住的棋盘角上的真眼，虽然这只眼包含了两个交叉点，但因为它的空间很小，不能再继续分成两块空间，因此仍是一只眼。

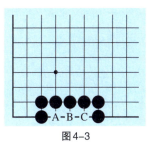

图 4-3

如图 4-3，A、B、C 是黑棋围住的棋盘边上的真眼。黑棋下在 B 位时，可将这只眼分成两只真眼。

【假眼】由一方几个没有完全连接的棋子围成的眼，叫作假眼，也叫作虚眼或卡（qiǎ）眼。假眼的最大特点，就是有被对方下子投入提吃的可能。

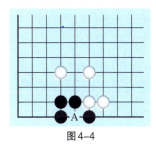

图 4-4

例　如图 4-4，A 位就是黑棋的假眼。

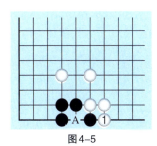

图 4-5

如图 4-5，白 1 打吃后，下一步就可以走在 A 位提掉黑棋一子，黑棋的眼也就不复存在了。

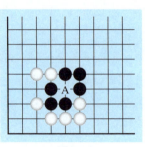

图 4-6

例 如图 4-6,黑棋 A 位也是假眼。

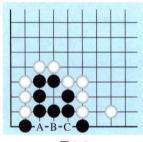

图 4-7

例 如图 4-7,黑棋的 A、B、C 位组成的空间也是假眼。

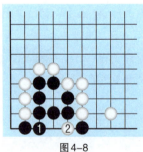

图 4-8

如图 4-8,黑 1 试图做眼,白 2 扑,黑棋还是假眼。

【眼形】 棋子容易做成真眼的形状，叫作眼形，眼形并不是固定的。

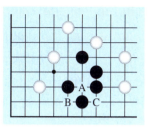

图 4-9

例 如图 4-9，黑棋虽然被包围，但是明显具有眼形（A、B、C），不担心死棋。

【眼位】 棋子能够做成真眼的位置，叫作眼位。

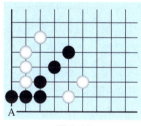

图 4-10

例 如图 4-10，黑棋在角上有一个眼位（A）。

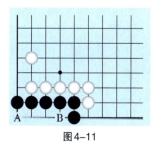

图 4-11

例 如图 4-11，黑棋在角上已经有了活棋的眼位（A、B）。

2.活棋与死棋

【活棋】【死棋】 有两只或两只以上真眼的棋,叫作活棋。做不出两只真眼的棋,叫作死棋。

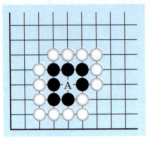

图4-12

例 如图4-12,黑棋只有一只真眼,当黑棋被白棋围住,没有多余的气时,白棋下在A位,黑棋就立即被白棋提掉了。

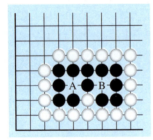

图4-13

例 如图4-13,黑棋有两只真眼,白棋无论下在A位或是B位,黑棋都有气,白棋不能立即提掉黑棋,因此,A、B两位此时都是白棋的禁着点,黑棋是活棋。

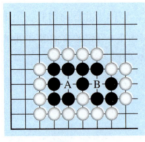

图4-14

例 如图4-14,黑棋有两只眼,但只有A位是真眼,B位是假眼,因此黑棋是死棋。

3. 做眼与破眼

【做眼】让自己的棋具有眼或眼位的着法,叫作做眼。做眼的手段多种多样。

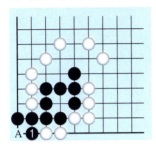

图 4-15

例 如图 4-15,黑 1 挡,做眼,黑棋已经成为活棋。

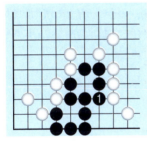

图 4-16

例 如图 4-16,黑 1 团,做眼,整块棋活了。

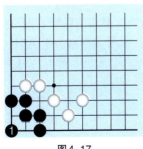

图 4-17

例 如图 4-17,黑 1 尖,一手棋做出两只眼,活棋。

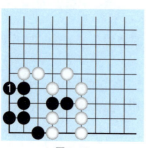

图4-18

例 如图4-18，黑1立，做眼，黑棋活棋。

广义的做眼，并不局限于以上各图中表现出的"码出具体眼"的行为。

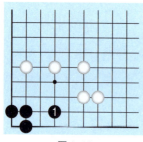

图4-19

例 如图4-19，黑1跳，虽然没有立刻形成具体眼位，但白棋已经没法杀死黑棋。

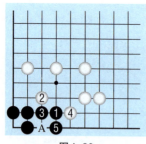

图4-20

如图4-20，白棋虽然试图消灭黑棋的眼位，但至黑5，黑棋还是成功地做出了A位的眼位而活出。因此，黑1是货真价实的做眼。

例 图4-21和图4-22中黑1也是做眼的广义实例。

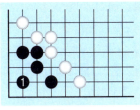
图4-21

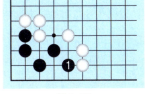
图4-22

【先手眼】一方做眼时,另一方需要跟着应一手,这样前者下一手就可以继续做其他眼或者去别处落子,所做的这只眼叫作先手眼。而对于这个过程,我们可以说做眼方是先手做眼或者说做眼方获得了先手。

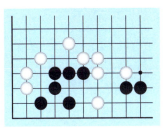
图4-23

例 如图4-23,黑先,黑棋能做出两只眼吗?

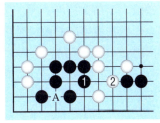
图4-24

如图4-24,黑1先手做眼,白2必须应,否则将被黑棋断开。黑棋在A位的眼位可以确保活棋。

【后手眼】一方在做眼的时候,对方不必跟着应一手,所做的这只眼叫作后手眼。而对于这个过程,我们可以说做眼方是后手做眼或者说做眼方落了后手。

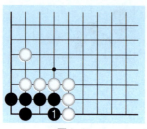

图4-25

例 如图4-25,黑1做眼,白棋不必跟着应,因此是后手做眼。

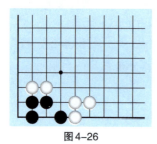

图4-26

例 如图4-26,黑先,黑棋能做出两只眼吗?

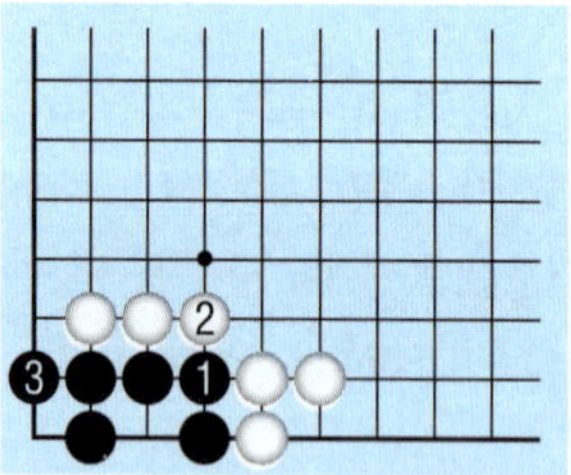

图4-27

如图4-27,黑1先手做眼。当白2挡时,黑3再立,后手做第二只眼,黑棋活出。

一般来说,做眼的时候,要先做先手眼,再做后手眼,才有利于迅速做活。

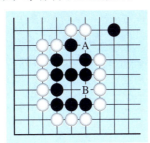

图4-28

例 如图4-28,黑先,黑棋在A位或B位都可以做眼,黑棋应该如何选择呢?

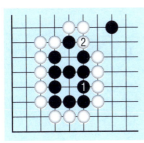

图4-29

如图4-29,黑1选择做下面的后手眼,但白2争得先手,破掉黑棋上面的眼位,黑死。

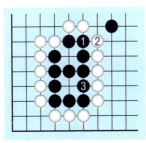

图4-30

如图4-30,黑1团,下一步要走2位脱逃,白2只好挡住,于是黑1先手做出了一只眼。黑3再做眼,活棋。

下棋的次序很重要,请大家仔细体会。

【破眼】 破坏对方眼形和眼位的着法，叫作破眼。在攻杀整块棋子时经常采用破眼的手段，而破眼的方法也是多种多样的。

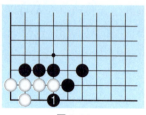

图4-31

例 如图4-31，黑1扳就是最直接的破眼手段。

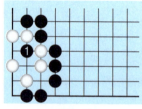

图4-32

例 如图4-32，白棋只要走在1位就成活了，但黑1点，破眼，白棋死棋。

在对方本来就不能做出眼的地方走棋，不能叫作破眼。

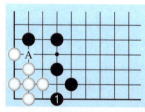

图4-33

例 如图4-33，黑1尖，不能叫作破眼，因为这里白棋本来就没法做成眼位。黑棋下在A位，才叫作破眼。

二一路上多妙手　由于角部的特殊性，在棋盘二·一的位置，经常出现关系死活的妙手，常见的下法有托、夹、扑、劫、尖、挖、团等。

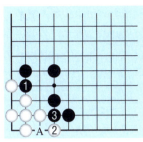

图4-34

如图4-34，黑1挤，白2尖，黑3再挤，A位仍是假眼，白棋死棋。

破眼是一种重要的攻杀手段，种类十分丰富。破坏对方尚且不是特别清晰的眼位和眼形，也叫作破眼。

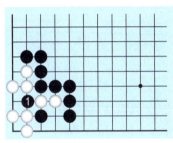

图4-35

例 如图4-35，黑1扑，也是厉害的破眼手段，白棋死棋。

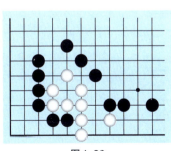

图4-36

例 如图4-36，黑先，白棋的眼位看上去很丰富，黑棋能杀掉白棋吗？

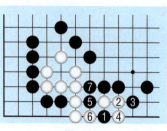

图 4-37

如图 4-37，黑 1 夹，破眼的妙手！至黑 7，1 位是假眼，白棋死棋。

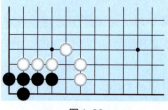

图 4-38

例 如图 4-38，白先，白棋能杀掉黑棋吗？

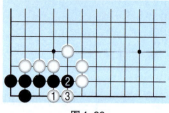

图 4-39

如图 4-39，白 1 托，破眼的好手。黑 2 长，白 3 退回，黑棋只有一只眼，死棋。

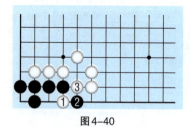

图 4-40

如图 4-40，黑 2 如打吃，白 3 断，黑棋仍然做不出两只真眼，仍然是死棋。

【点眼】以点的方式来破坏对方的眼位，叫作点眼。

例　如图4-41，白1点眼，黑棋死棋。

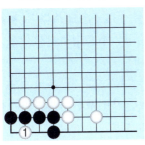

图4-41

【卡眼】以卡（挤、嵌）的方式来破坏对方的眼位。

例　如图4-42，黑1卡眼，白棋只有一只真眼和一只假眼，死棋。

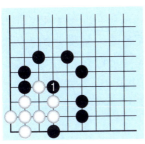

图4-42

例　如图4-43，黑1卡眼，白棋只有一只真眼和一只假眼，死棋。

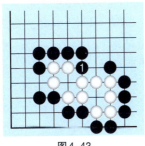

图4-43

4. 净杀与净活

【净杀】 净杀的字面意思是"很干净地杀棋"，被杀的棋做不成两只或两只以上的眼，不必用通过打劫来杀死一块棋。净杀与净活是相对的。

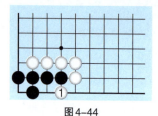
图4-44

例　如图4-44，白1扳，黑棋做不出两只眼，被净杀。

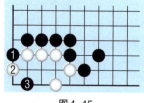
图4-45

例　如图4-45，这是著名的大猪嘴。黑1扳、3点后，白棋被净杀（详见171页）。

【净活】 与净杀相对，若干子虽被包围，但能做成两只或两只以上的眼，无条件地成活，叫作净活。

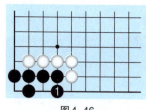
图4-46

例　如图4-46，如果黑棋先下，则黑1立下，做出两只眼，净活。

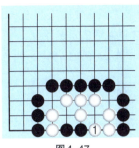

图4-47

例 如图4-47,白1打吃黑棋二子,白棋已经净活。

【两眼活】指一块棋有且只有两只真眼而活棋,叫作两眼活,简称眼活。这是最基本的活棋方式。

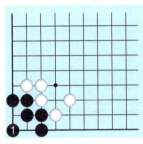

图4-48

例 如图4-48,黑1做眼,黑棋就属于标准的两眼活。

图4-49

例 如图4-49,白棋也是两眼活。

【三眼两做】一块棋有三个眼位,只要做出其中两个就可以成活,叫作三眼两做,这是做活的重要手法。

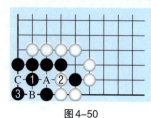

图4-50

例 如图4-50,黑1好手,形成了A、B、C三个眼位,只要做出其中两个,黑棋就是活棋。白2如破A位的眼,则黑3做出B、C两只眼,活棋。

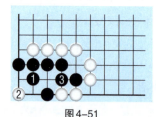

图4-51

如图4-51,白2点,则黑3团,仍然做出了两只眼。

【后手死】在已呈死形的棋中继续下子,即使对方不理,这块棋仍然无法做活,在死棋中继续走棋,叫作后手死。后手死一般都是大错着。

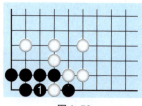

图4-52

例 如图4-52,角上黑棋已经死了,黑1提后,就算白棋脱先,黑棋仍然无法做活,黑1就属于后手死。

5. 双活

【双活】指活棋的一种状态,即黑白双方都没有两只真眼,但又都无法吃掉对方,又叫作共活、公活或两活。

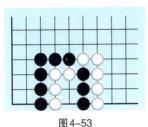

图4-53

例 如图4-53,这是双活的基本形式。黑棋三子和白棋四子均无法吃掉对方。

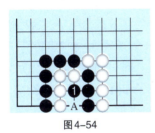

图4-54

如图4-54,如黑棋走在1位想吃掉白棋,则白棋可以下在A位,黑棋自己反而被吃掉。

【有眼双活】双方都有一只眼的双活形式,叫作有眼双活。

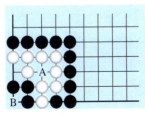

图4-55

例 如图4-55,角上双方为有眼双活。白棋有眼位A,而黑棋有眼位B。

【三活】三活是一种特殊的公活，是三块没有两只眼的棋共生的一种形式。

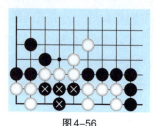

图 4-56

例 如图 4-56，黑 × 四子与左边的白棋三子和右边的白棋五子构成三活。

【假双活】形似双活，但包围一方棋子的另一方棋子是死子，因此另一方双活部分的棋子也是死子。这种情况叫作假双活。

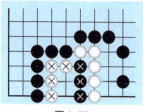

图 4-57

例 如图 4-57，黑 × 三子和白 × 四子是假双活。

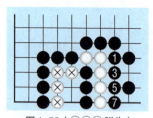

图 4-58（②④⑥脱先）

如图 4-58，黑 1 至黑 7 连走几手提掉右边白子后，很明显可以看出白 × 四子是死棋。

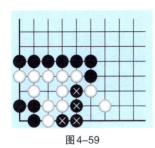

图4-59

例 如图4-59,由于黑×四子是死棋,因此角里看似双活的棋,其实只不过是假双活。

6. 欠眼活

【欠眼活】一块棋的两只眼都是假眼,但是对方无法在眼里下子,所以这块棋仍然是活棋。这种棋形叫作欠眼活,也叫作两头蛇。

如图4-60,白A是两眼活,黑B、白C都是欠眼活。

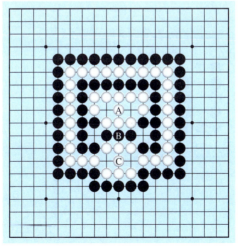

图4-60

7.死活基本型

我们已经知道活棋需要有两只以上的真眼,但在实战中,不可能将每一块棋都下成两眼活的样子。眼位越大越容易活棋,眼位小时,可以通过观察它是否符合死活基本型来快速判断其死活。

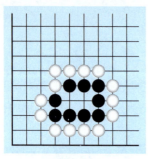

图4-61

【直二】如图4-61,一块棋被围,其眼位是相邻的两个交叉点,叫作直二。

直二不能做出两只眼,是死棋。

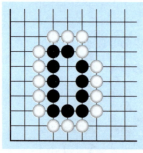

图4-62

【直三】如图4-62,一块棋被围,其眼位是直线形状的三个交叉点,叫作直三。

直三的死活取决于轮到哪一方走棋。

自己不活要补棋　己方的棋子被对方包围时,如果还不是活棋的形状,那就要抓紧补活。

如图 4-63，黑 1 做出两只眼，黑棋活棋。

如图 4-64，白 1 点眼，黑棋没法做出两只眼，是死棋。

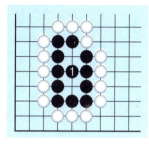

图 4-63

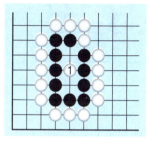

图 4-64

【曲三】如图 4-65，一块棋被围，其眼位是弯曲形状的三个交叉点，叫作曲三，也叫作弯三。

<u>曲三的死活取决于轮到哪一方走棋。</u>

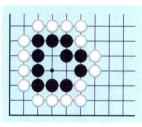

图 4-65

如图 4-66，黑 1 做出两只眼，黑棋活棋。

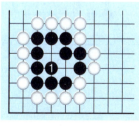

图 4-66

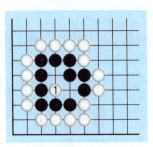

图 4-67

如图 4-67，白 1 点眼，黑棋是死棋。

【直四】如图 4-68，一块棋被围，其眼位是直线形状的四个交叉点，叫作直四。

直四是活棋型。

如图 4-69，白 1 点眼，但还是被黑 2 隔出两只眼，黑棋活棋。

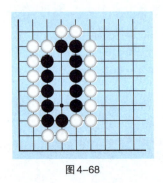

图 4-68

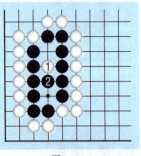

图 4-69

活棋不杀　对方被围的棋如果已经形成了死活基本型中的活棋型，就不要再去杀它了。

【曲四】如图4-70，一块棋被围，其眼位是弯曲形状的四个交叉点，叫作曲四。这是曲四的两种常见形状。

曲四与直四一样，都是活棋型。

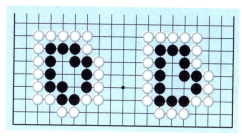

图4-70

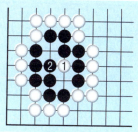

图4-71

如图4-71，白1破眼，但还是被黑2隔出两只眼，黑棋活棋。

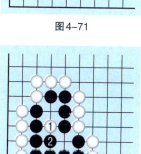

图4-72

如图4-72，白1破眼，黑2正确应对，黑棋活棋。

【断头曲四】形似曲四,但其中有能被对方直接打吃的点,叫作断头曲四。

断头曲四的死活取决于轮到哪一方走棋。

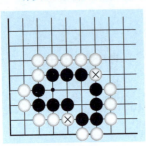
图 4-73

如图 4-73,这是断头曲四的一个例子。请注意白 × 二子的作用。

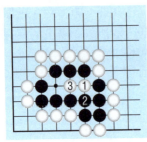
图 4-74

如图 4-74,白 1 断打,黑 2 不得不接,白 3 长,黑棋被杀。

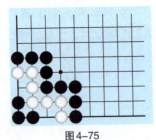
图 4-75

【盘角曲四】如图 4-75,这是盘角曲四的基本型,它是角部死活的一种特殊形状。

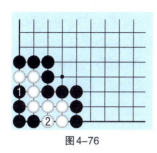

图 4-76

如图 4-76,当黑 1 紧气时,角部形成了一个曲四的形状。白 2 只得提掉。

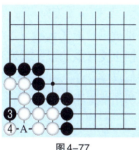

图 4-77

如图 4-77,黑 3 点,白 4 只得做劫(打劫的内容详见第 6 章)。接下来黑棋先手在 A 位提劫。如此时盘面上已经没有劫材,则白棋必死无疑。

围棋中,有"盘角曲四劫尽棋亡"的说法。

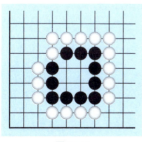

图 4-78

【方四】如图 4-78,一块棋被围,其眼位是四方形状的四个交叉点,叫作方四,也叫作方块四。

方四是死棋型。

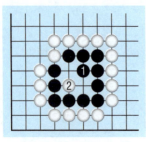

图4-79

如图4-79，黑棋在自己眼位的四个交叉点中任下一子都成曲三形状，白棋在中央点眼，黑棋被杀。

【丁四】如图4-80，一块棋被围，形成大眼，眼位由四个交叉点构成，其形状类似汉字"丁"，叫作丁四，也叫作草帽四、斗笠四。

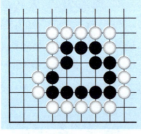

图4-80

丁四的死活取决于轮到哪一方走棋。

如图4-81，黑1做眼，黑棋净活。

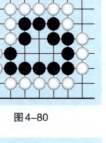

图4-81

死子不提　已被己方吃住的棋子，在己方棋子不受威胁的情况下，不必逐步收紧气将其从棋盘上提走。

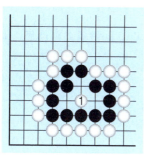

图 4-82

如图 4-82，白 1 破眼，之后将形成曲三或直三的形状，黑棋净死。

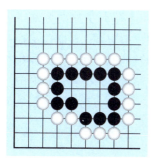

图 4-83

【刀五】如图 4-83，一块棋被包围，其眼位呈刀形状的五个交叉点，叫作刀五，也叫作板刀五、刀板五、刀柄五、刀把五。

刀五的死活取决于轮到哪一方走棋。

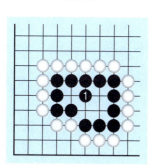

图 4-84

如图 4-84，黑 1 做眼，黑棋净活。

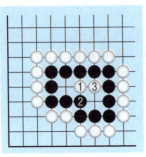

图 4-85

如图 4-85,白 1 点,黑棋立即被杀。即使黑 2 顽抗,白 3 长,黑棋净死。

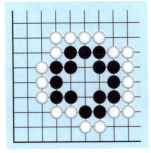

图 4-86

【花五】如图 4-86,一块棋被包围,其眼位呈梅花形状的五个交叉点,叫作花五,也叫作聚五、梅花五。

花五的死活取决于轮到哪一方走棋。

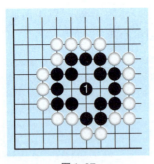

图 4-87

如图 4-87,黑 1 做眼,黑棋净活。

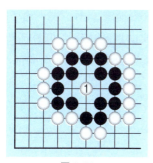

图 4-88

如图 4-88，白 1 点，黑棋净死。

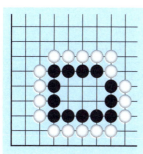

图 4-89

【板六】如图 4-89，一块棋被围，其眼位是板条形状的六个交叉点，叫作板六。板六是活棋型。

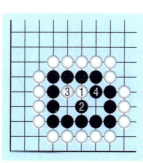

图 4-90

如图 4-90，白 1 点，黑 2 顶，白 3 破眼，黑 4 做眼，黑棋净活。

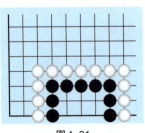

图4-91

如图4-91，板六如果挪到棋盘的边缘，也是活棋。读者朋友们可以自行验证。

【断头板六】形似板六，但它的对角是断开的，这样的棋形叫作断头板六。

断头板六的死活取决于轮到哪一方走棋。

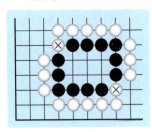

图4-92

如图4-92，黑棋是断头板六，请注意白×二子的作用。

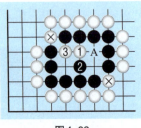

图4-93

如图4-93，白1点，黑2顶，白3断。由于白×二子的存在，黑棋无法在A位打吃，黑棋净死。

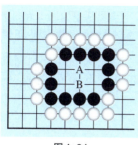

图 4-94

如图 4-94，黑棋走 A 位或 B 位，均可做活。

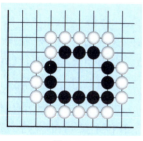

图 4-95

如图 4-95，黑棋的板六虽然也有两个断点，但因为这两个断点不对角，因此黑棋是活棋。读者朋友们可以自行验证。

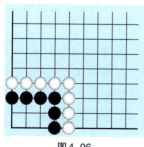

图 4-96

【角上板六】如图 4-96，一块棋被包围，其眼位是傍角沿边呈板条形状的六个交叉点，叫作角上板六。

角上板六是常见棋形，由它的外气情况来决定是死棋、劫活或活棋。

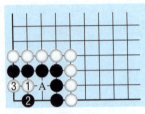

图4-97

如图4-97,白先,在没有外气时,黑棋是死棋。白1点,黑2托,白3长。黑棋A位不入气,净死。

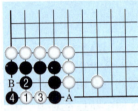

图4-98

如图4-98,白先,在有A位1口外气时,黑棋是劫活(详见203页)。白1点,正确。黑2顶,白3长,黑4扑,接下来白B提,成为劫活。其中,如白1走在2位,则黑棋净活。

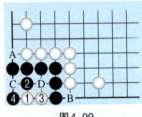

图4-99

如图4-99,白先,在A、B位有2口外气时,黑棋是活棋。白1至黑4的次序与图4-98相同,但当白棋在C位提时,黑棋可以在D位打吃。

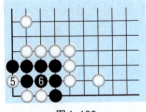

图4-100

如图4-100,白5提时,黑6打吃,白棋三子成胀牯牛(详见215页)被吃,于是黑棋净活。

【花六】如图4-101，一块棋被包围，其眼位呈花朵形状的六个交叉点，叫作花六，也叫作聚六、葡萄六、拳头六。

花六的死活取决于轮到哪一方走棋。

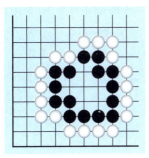

图4-101

图中4-102，黑1做眼，黑棋净活。

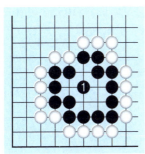

图4-102

如图4-103，白1点眼，黑棋已不能动弹，以后白棋走A、B两位，形成丁四，黑棋被杀。

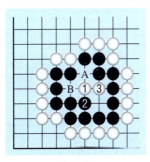

图4-103

【葡萄七】如图4-104，一块棋被包围，其眼位呈聚成一处的七个交叉点，叫作葡萄七，也叫作聚七、金圭七。

葡萄七是活棋型。

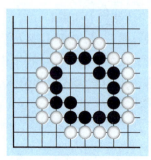
图4-104

如图4-105，黑1做眼，黑棋净活。

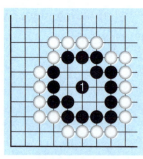
图4-105

如图4-106，白1点，试图杀死黑棋。黑2、4应对正确，白5后成双活。

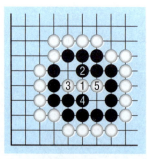
图4-106

【角上板八】 如图4-107，一块棋被包围，其眼位是傍角沿边呈板条形状的八个交叉点，叫作角上板八。

角上板八是活棋型。

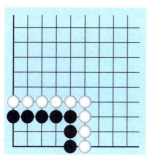
图4-107

如图4-108，黑先，黑棋走在A至F任意一位，都可以净活，但为了棋形美观，通常都走E位。

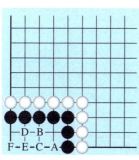
图4-108

如图4-109，白先，白1点，只此一手，至白5，双方形成双活。

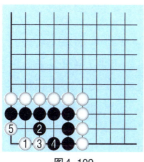
图4-109

【七死八活】 七死八活是死活中的常见棋形,"七"和"八"指的是在二路连成直线的棋子数。

在被围住的情况下,七子是先手活、后手死,八子是活棋型。

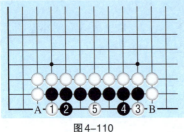
图4-110

如图4-110,黑棋二路有七子。白1、3扳,黑棋的眼位只剩直三,白5点,黑棋净死。即便黑棋在A位或B位提,所形成的也只是假眼。

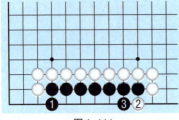
图4-111

如图4-111,黑1立,白2扳,黑3挡,形成直四,黑棋净活。

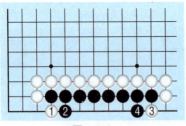
图4-112

如图4-112,黑棋二路有八子。白1、3扳,黑棋仍能形成直四,净活。

【金柜角】角上被包围的棋子，形成三纵三横共九个交叉点的形状，叫作金柜角。金柜角是围棋死活中的一个棋形，在实战中也经常能见到。金柜角有多种形式，每种形式最后的结果不完全一样。

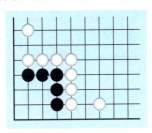

图4-113

如图4-113，这是金柜角的基本型。

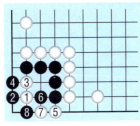

图4-114

如图4-114，金柜角基本型的结果是劫活。白1点后，黑2托，正确。以下演变至黑8，成为劫活。

【大猪嘴】角部死活基本型之一，因棋形像猪嘴而得名。

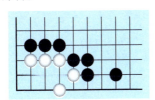

图4-115

如图4-115，这是大猪嘴的基本型。

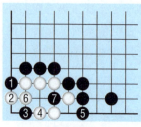

图4-116

如图4-116，黑先，黑1扳，白2挡，黑3点，至黑7扑，白棋无法做成两只眼，净死。

<u>由于1扳、3点是杀掉大猪嘴的关键手段，就有了"大猪嘴扳点死"的谚语。</u>

【小猪嘴】角部死活基本型之一，因棋形像猪嘴且比大猪嘴短而得名。

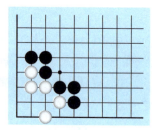

图4-117

如图4-117，这是小猪嘴的基本型。

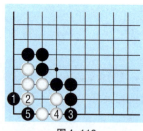

图4-118

如图4-118，黑先，黑1点，白2挡，做眼。黑3立，白4团，黑5扑，形成打劫。

<u>围棋中有"小猪嘴点成劫"的谚语。</u>

第 5 章 对杀

对杀是围棋中最激烈、最刺激的内容,是双方棋子之间的直接对抗,对杀比拼的是双方棋子的气数,需要有一定的计算能力。怎么样,准备好战斗了吗?

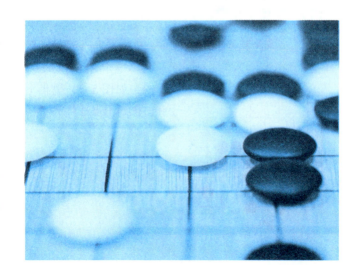

【对杀】棋局中，双方棋子互相包围，在都不能做成活棋的情况下，必须通过紧气才能得出谁生谁死（有时候会形成双活）的结果，这个过程叫作对杀，也叫作杀气。

例 如图5-1，黑×三子和白×三子都无法做活，形成对杀局面。

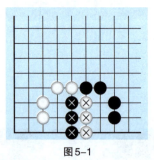

图5-1

例 如图5-2，黑棋七子和白棋四子也是对杀。

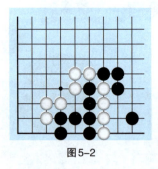

图5-2

1. 对杀的气

【外气】 双方棋子相互包围呈杀气状态，各方棋子外面的气，叫作外气。

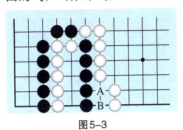

图5-3

例 如图 5-3，A、B 两位是黑棋的外气，白棋没有外气。

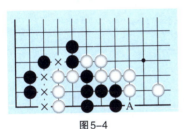

图5-4

例 如图 5-4，×位是白棋的外气，而 A 位则是黑棋的外气。

【内气】 双方棋子相互包围呈杀气状态，各方棋子眼中的气，叫作内气。

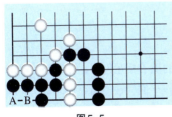

图5-5

例 如图 5-5，A、B 两位是黑棋的内气，白棋没有内气。

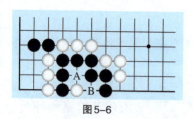

图 5-6

例 如图 5-6，A、B 两位是黑棋的内气，白棋没有内气。

【公气】双方棋子相互包围呈杀气状态，中间的空处，既是黑棋的气，也是白棋的气，叫作公气。

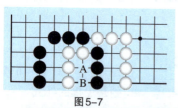

图 5-7

例 如图 5-7，A、B 两位是黑白双方的公气。

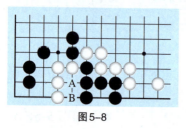

图 5-8

例 如图 5-8，A、B 两位是黑白双方的公气。

2. 紧气

【紧气】双方没有成活的棋子相互包围，在对杀（或形成双活）的过程中，使对方棋子的气数不断缩短的着法，叫作紧气，也叫作收气。

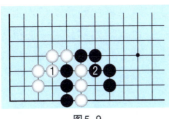

图 5-9

例 如图 5-9，白 1 和黑 2 都是紧气的着法。

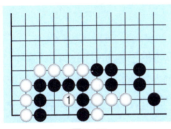

图 5-10

例 如图 5-10，白 1 在黑棋眼中落子，也是紧气。

3. 撞气

【撞气】在下子过程中，使己方棋子的气数减少，以至于产生不利后果的着法，叫作撞气。撞气是一种错误的下法。

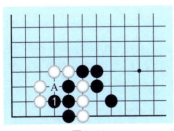

图 5-11

例 如图 5-11，黑 1 顶，白白地使自己少了 1 口气，本来能够获胜的对杀，这下反而要被白棋吃掉了。其中，黑 1 如走在 A 位也是撞气。

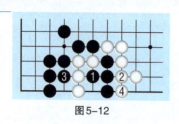

图 5-12

例 如图 5-12，黑 1 也是撞气的着法，本来可以双活的棋，由于黑棋先紧公气，自撞一气，被白棋杀死。

由此我们也可以看出，在紧气的时候，应该先紧外气，再紧公气，如果顺序反了就会撞气，影响对杀结果。

4. 延气

【延气】双方没有成活的棋子相互包围，在对杀（或形成双活）的过程中，使己方的棋子气数增加的着法，叫作延气，也称松气、伸气或长（cháng）气。

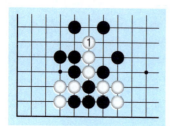

图 5-13

例 如图 5-13，白 1 长，从 2 口气一下子延长到了 4 口气，对杀获胜。

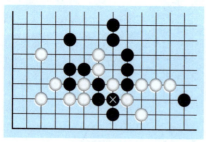

图 5-14

例 如图 5-14，白先，黑 × 断打，白棋该怎样下？

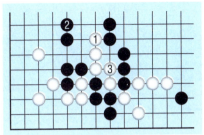

图5-15

如图5-15,图5-14中黑×断打时,白1延气,黑2并不得已,白3再粘,对杀获胜。

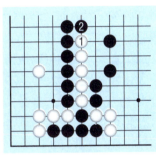

图5-16

例 如图5-16,白1长,从3口气变成4口气,但是黑2拐后,白棋仍为3口气。因此白1不叫作延气。

5. 大眼的气数

在实战中,很多对杀都是有眼对杀,而眼的气数决定了对杀的成败。不要与活棋型对杀,而在与死棋型对杀时,要先计算好大眼的气数。

【大眼】由若干个交叉点组成一个眼位,叫作大眼。

直二的气数:2口气。

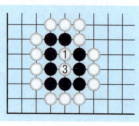

图5-17

如图5-17，黑棋是直二，白1、3连下两手棋（黑2脱先）才能提掉黑棋，因此直二有2口气。

直三、曲三的气数：3口气。

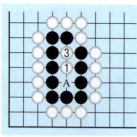

图5-18　（❷脱先）

如图5-18，白1紧气，黑2脱先，白3继续紧气。黑棋在A位提掉白棋二子，变成了直二。我们可以认为白3和黑A是一种交换，不计算为气，而直二有2口气，再加上白1紧住的那1口气，直三一共有3口气。

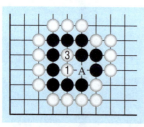

图5-19

如图5-19，曲三与直三类似，白1、3紧气后，黑棋在A位提掉白棋二子，形成有2口气的直二。再加上之前白1紧住的那1口气，曲三一共有3口气。

不走废棋不撞气　不要走没有用的棋，不要把自己棋形的气给撞少了。

方四、丁四的气数：5口气。

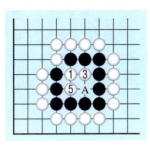

图5-20

如图5-20，白1、3紧2口气后，5位继续紧气。黑棋在A位提，形成有3口气的曲三。加上白1、3的2口气，方四一共有5口气。

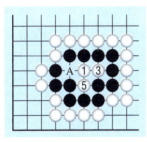

图5-21

如图5-21，丁四与方四类似，白1、3紧2口气后，5位继续紧气。黑棋在A位提后，形成有3口气的曲三，因此丁四也有5口气。

花五、刀五的气数：8口气。

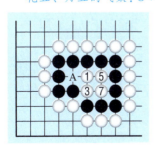

图5-22

如图5-22，白1、3、5紧3口气后，7位继续紧气。黑棋在A位提后，形成有5口气的方四，加上白1、3、5的3口气，刀五一共有8口气。

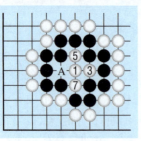

图 5-23

如图 5-23，花五与刀五类似，白 1、3、5 紧 3 口气后，7 位继续紧气。黑棋在 A 位提后，形成有 5 口气的丁四，因此花五一共有 8 口气。

花六的气数：12 口气。

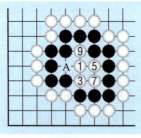

图 5-24

如图 5-24，白 1、3、5、7 连紧 4 口气后，9 位继续紧气。黑棋在 A 位提后，成有 8 口气的刀五，再加上白 1、3、5、7 的 4 口气，花六一共有 12 口气。

6. 有眼对杀

【有眼杀无眼】指在双方棋子形成对杀时，如果一方有眼，而另一方没有眼，则很多情况下，是有眼的一方获胜，也叫作有眼杀瞎、眼杀等。

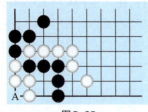

图 5-25

例　如图 5-25，白棋 A 位有眼但没有外气，黑棋有外气但没有眼。

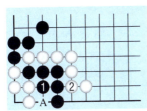

图 5-26

如图 5-26,即使黑棋先动手,在 1 位紧气,但白 2 紧气之后,黑棋已经没法再在 A 位继续紧气,只能眼巴巴地被吃掉了。

双方对杀时,如外气已全部收完,就必然要收公气,无眼方因为不入气,无法收最后 1 口公气,而有眼方却可以收最后这口公气,所以有眼方更容易获胜。

在对杀时,可以把所有公气都算作有眼一方的气。

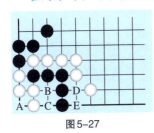

图 5-27

如图 5-27,在这个变化中,白棋有 A、B、C 3 口气,而黑棋只有 D、E 2 口气,所以黑棋失败。

【长气杀有眼】当双方杀气的时候,一方虽然有眼,但无眼的一方外气很多,因此仍然可以通过紧气来吃掉有眼的一方。

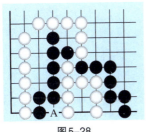

图 5-28

例 如图 5-28,黑白双方形成对杀。黑棋虽然没有眼,但外气很长。

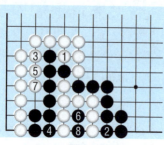

图5-29

如图5-29,白1、3、5、7从外围紧气,黑2紧外气后在4位紧公气。由于白棋内气只有2口,所以还是黑棋快1口气吃掉白棋。

【大眼杀小眼】在双方都有眼的对杀中,要看眼位的大小。眼位大的一方可以获得全部公气,在对杀中占得先机,这叫作大眼杀小眼。

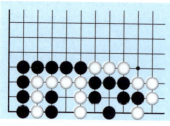

图5-30

例 如图5-30,白棋是方四大眼,而黑棋只有一只小眼,那么对杀谁能获胜呢?

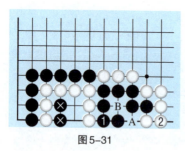

图5-31

如图5-31,黑1紧气,白2也紧气,黑棋只剩A、B位2口气,而白棋方四大眼共有5口气,被黑×紧了2口气之后还剩3口气,因此黑棋对杀失败。

第6章 打 劫

打劫是围棋中一项既复杂，又有趣的实战战术，它涉及造劫的技巧、找劫的方式方法、对劫材价值的判断等内容。要想下好围棋，学好打劫是必不可少的。

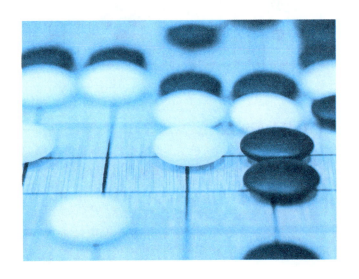

【打劫】如图6-1，黑先，黑棋正打吃白棋一子，黑1提后（图6-2），本身也处于被打吃的状态，此时如果白棋也提掉黑1，那么在这个局部就会不断反复循环，没有尽头。因此围棋规则规定，当遇到这样的情况时，被提的一方，必须在棋盘的其他位置走一手棋之后，才能反提回来，这个过程就叫作打劫，简称劫，也称劫争或争劫。对局双方从开劫、提劫、找劫、应劫、再提劫，直至劫最后解消的整个过程，都可以统称为打劫。

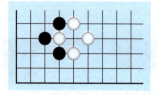

图6-1　　　　　　　图6-2

1. 打劫的过程

【开劫】选择适当时机主动促成打劫，叫作开劫。

【提劫】一方提取劫，叫作提劫。

遇劫先提　碰到劫争时，有机会提劫时应立刻提劫，这样如果对方要打这个劫，就要比己方多消耗一个劫材，从而使己方获利。

例 如图 6-3，黑 1 断打，开劫，白棋已经没有什么退路，只能进行劫争。

例 如图 6-4，黑 1 断打，开劫。白 2 提劫。

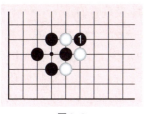
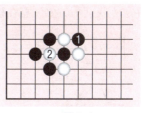

图 6-3　　　　　　　图 6-4

【劫材】根据打劫的规则，一方提劫后，另一方不能马上回提，要先在棋盘的其他位置下一手，待前者应一手之后才能回提。这种让对方跟着应一手的位置，叫作劫材。

【找劫】当一方提劫时，另一方为了将劫提回来，在棋盘上寻找劫材的过程，叫作找劫，也叫寻劫、找劫材。

【应劫】一方找劫时，另一方也在该找劫处采取了相对的应着，叫作应劫。

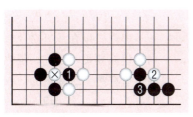

图 6-5（④=⊗）

例 如图 6-5，黑 1 提劫，白 2 打吃，找劫。黑 3 应劫，白 4 得以在 × 位回提。如黑 3 不应，白棋就会在 3 位提子，黑棋受到损失。因此白2是劫材。我们可以说，白棋在这里有一个劫材。

一般来说，劫材的多少，可以直接决定劫争的最后胜败。我们平时要注意在棋盘上发现它们。

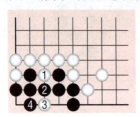

图6-6

例 如图6-6，白1冲，黑2必须挡住；接下来，白3点，黑4也必须应，因此，白1、白3都是劫材。我们可以说，白棋在这个角上有两个劫材。

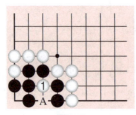

图6-7

如图6-7，盘面上其他地方黑棋已经提劫，白1扑，找劫。黑A提，应劫。白棋在角上有一个劫材。

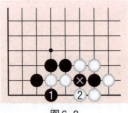

图6-8

例 如图6-8，盘面上其他地方白棋刚刚提劫，黑1打吃，找劫。白2提，下一步黑棋可以在×位打吃，白棋仍然要提。因此，黑棋在这里有两个劫材。

不打损劫 打劫的时候不要找会明显造成自己亏损的劫材。这样就算劫争胜利，往往也会造成整体亏损，得不偿失。

【损劫】为了劫争的胜利寻找劫材而造成己方的损失，叫作损劫。

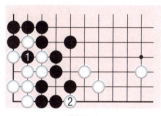

图6-9

例 如图6-9，黑1提劫要杀掉白角，白2寻劫，这就是一个损劫。

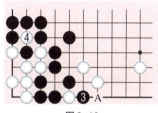

图6-10

如图6-10，黑3提，应劫。白4提劫，并最终打赢劫争，白角活棋。但黑棋多了一个在A位爬破坏白空的手段，因此，这个劫材是损劫。但比起这个损失，还是白角活棋的价值大。

因此，找损劫时，一定要判断好，自己有把握打赢劫，否则就得不偿失了。

【瞎劫】寻找劫材时，因为计算失误，导致对方就算脱先不应，己方也没有收获，这种被错看的劫材，叫作瞎劫。

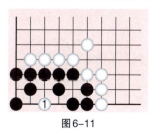

图6-11

例 如图6-11，白1点，寻劫，这其实是个瞎劫。

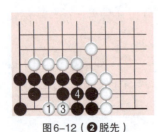

图6-12（❷脱先）

如图6-12，黑2脱先不应，白3打吃，黑4粘，黑棋还是活棋，白棋白白浪费了一手棋。

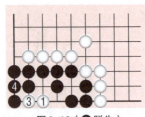

图6-13（❷脱先）

如图6-13，白3如在另一边打吃，黑4粘，白棋还是不行。

【装劫】一方下一手棋后，如果对方不应，则前者可以立即执行打劫的着法，这手棋就叫作装劫。

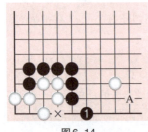

图6-14

例　如图6-14，黑1尖，装劫。如白棋不应，下一手黑棋可以立即在×位开劫，白棋的死活受到威胁。因此通常白棋会在×位应，而黑棋将来可以直接下到A位对白棋进行威胁，黑棋占了便宜。

初棋无劫　在序盘阶段，双方胶着作战之处很少，难以寻找到对方非应不可的劫材，因此要应尽量避免出现分量较重的打劫。

【做劫】落子后使双方形成劫争的状态，这手棋称为做劫。

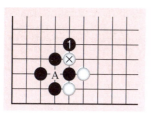

图6-15

例 如图6-15，白×打吃时，黑1反打，做劫，下一步白棋可以在A位提劫，劫争由此开始。

【扑劫】主动将棋子投入对方的虎口中造成劫争，逼迫对方打劫的着法，叫作扑劫，也叫作抛劫。

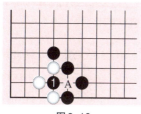

图6-16

例 如图6-16，黑1扑劫，白棋在A位提劫，双方开始打劫。

【造劫】在对方控制的地盘上下子，以期今后打劫时留有更多的劫材，叫作造劫，也叫作造劫材。

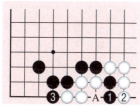

图6-17

例 如图6-17，黑1立，白2不得不打吃。黑3打吃，白棋不得不在A位提，这已经是两个劫材了。

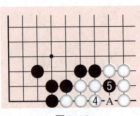

图6-18

如图6-18，白4提，黑5扑又是劫材，白棋还是不得不在A位提。因此，黑棋在这里一共有三个劫材。

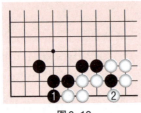

图6-19

如图6-19，如果一开始黑棋不造劫，直接走黑1打吃，则白2提，黑棋只有一个劫材，白白少了两个劫材。从这里，我们就可以看出造劫的作用了。

【粘劫】一方把打劫的位置粘住，避免和对方在此继续劫争，叫作粘劫。

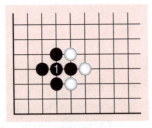

图6-20

例 如图6-20，黑1粘劫，宣告这个劫争结束。

开劫首先看劫材，棋补无劫勿轻动 开劫前，要先计算是否有适当的劫材。如果对方的棋补得很结实，己方没有劫材可找，那就不要轻易开劫。

【消劫】 用粘或提等方法结束劫争，叫作消劫。

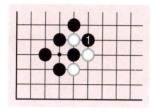

图 6-21

例　如图 6-21，黑 1 提，消劫，宣告劫争结束。

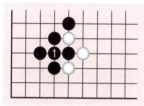

图 6-22

如图 6-22，黑棋也可以在 1 位粘，粘劫也是消劫的一种方式，但本图结果明显不如直接提掉白子好。

一般如果有其他的消劫手段，就不要采用粘劫的方式。

【补劫】 一方为了消除对方的劫材或劫争的可能性，采取的自补着法，叫作补劫。

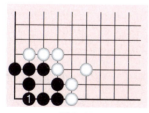

图 6-23

例　如图 6-23，黑 1 团，目的是为了消除白棋在 1 位的劫材。

注意：补劫一般都意味着自己实空的损失，因此在补劫之前一定要确定那个可能发生的劫争，对自己有很大的威胁，或者能让自己获得很大的便宜。

2. 劫的类型

劫的类型和名称有很多，相互之间也有交叉。

【先手劫】在形成劫的状态时，首先提劫的一方叫作先手劫。

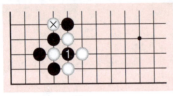
图6-24

例 如图6-24，面对白×打吃，黑1提劫，劫争开始。由于黑棋先提劫，因此这个劫是黑棋的先手劫。

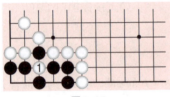
图6-25

例 如图6-25，白1提劫，这个劫关系到黑棋的生死。由于白棋先提劫，因此是白棋的先手劫。

【后手劫】劫争中，必须经过找劫才能提劫的一方，叫作后手劫。图6-24中，对于黑棋是先手劫，对于白棋就是后手劫，反之也是一样。

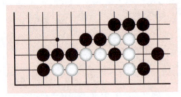
图6-26

例 如图6-26，黑先，白棋的眼位看似很丰富，黑棋是否还有妙手？

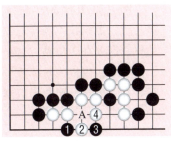

图 6-27

如图 6-27，黑 1 夹、3 打后，下一手可在 A 位提，白棋整块棋后手劫活。

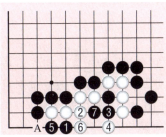

图 6-28

如图 6-28，白 2 粘，至黑 7，白棋做不出两只眼，死棋。如白棋在 A 位提，黑棋可在 5 位扑。

【**本身劫**】在打劫的情况下，一块棋自身所具备的劫材，叫作本身劫。

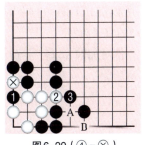

图 6-29（④=⊗）

例　如图 6-29，黑 1 提劫，白 2 冲，就是本身劫。黑 3 不得不应，白 4 再提回，劫争继续。而接下来，白棋如在 A 位打吃，以及黑棋提后白棋在 B 位再打吃都是本身劫。

图6-30（❸=✕）

例 如图6-30，白✕提劫时，黑棋找不到合适的劫材，因此在1位粘，这是个本身劫，白棋为吃掉三子只好在2位打，黑3得以继续提劫。

【无忧劫】有些劫争对于一方来说，劫胜可获得一定利益，而劫败却损失很小，不会影响己方周围的形势，这种劫就叫作无忧劫。

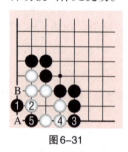

图6-31

例 如图6-31，这是小猪嘴的常见变化。黑1点，使A位成劫。此劫黑棋即使失败，也不过是被白棋在A、B位连提掉两子而已，对黑棋自身并无影响，但如果打胜，可以吃掉整个白角。因此这个劫可以称为黑棋的无忧劫。

【单劫】单劫是劫的最简单形式。其成败仅关系到劫本身的得失。无论何方粘劫，所得仅1目棋，也叫作单片劫。单劫大多出现于接近终局的官子阶段。

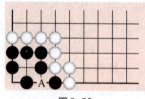

图6-32

例 如图6-32，A位即是单劫。

例 如图 6-33，这也是单劫的例子。

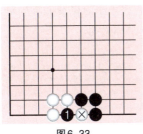

图 6-33

【套劫】经提劫后，还能再提劫，这种劫称为套劫，也叫作连劫。

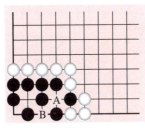

图 6-34

例 如图 6-34，白棋在 A 位提劫后，还可在 B 位接连提劫，A、B 两位即成套劫。

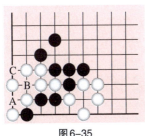

图 6-35

例 如图 6-35，黑棋如果想打胜这个劫，必须在 A、B 连提两次劫，才能在 C 位最终吃掉白棋。

图 6-34 和图 6-35 中的套劫都是两个，因此也叫作两手劫。

【紧气劫】一方提劫之后,再下一着棋便能吃净对方的棋子,这种劫叫作紧气劫,简称紧劫。

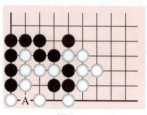
图6-36

例 如图6-36,A位的劫对于黑白双方来说都是紧气劫。

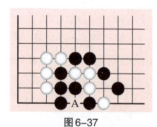
图6-37

例 如图6-37,A位的劫对于双方来说也都是紧气劫。

【缓气劫】在劫争过程中,一方在提劫后,由于对方的棋仍有气,即使暂时不应,仍然不能直接吃掉对方,需再下若干手才能把对方的气紧住,成为紧气劫,这样的劫叫作缓气劫,也叫作松气劫、宽气劫。

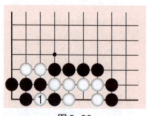
图6-38

例 如图6-38,白1提,黑棋即使不应,白棋也没法一手吃掉黑棋。

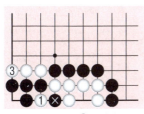

图6-39（❷脱先）

如图6-39，黑2脱先，白3打吃，黑棋可在×位提，此时才形成紧气劫。

【赖皮劫】一方是松若干口气的缓气劫，而另一方则是紧气劫，后者很难在劫争中取得较大的利益，这种劫叫作赖皮劫。

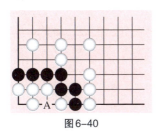

图6-40

例 如图6-40，由于黑棋的外气太长，足有4口气，因此，A位的劫对于黑棋来说就可以算是赖皮劫。

【生死劫】有些劫的胜负直接关系到一块棋乃至几块棋的死活，这种劫叫作生死劫。作为生死劫的一方，必须力争取胜。

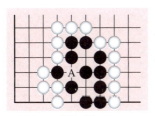

图6-41

例 如图6-41，A位的劫对白棋来说是无忧劫，而对黑棋来说却是生死劫。

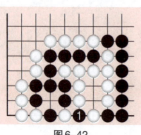

图6-42

例 如图6-42，黑1提，此处的劫对黑白两方都是生死劫，价值很大，双方都输不起。

【天下劫】有些劫争很关键，足以一举左右全局胜负，叫作天下劫。很多情况下，关系到双方大块棋生死的劫争，都是天下劫。

遇到天下劫时，劫材极为关键，因为，如果单纯按照劫价值的大小来说，几乎没有任何劫材的价值，能与天下劫相比。因此，除了本身劫是必须要应劫的，其他劫材，对手也大多会"万劫不应"而消劫。

【万年劫】万年劫是一种形式特殊，是一种双方都不愿意首先挑起的劫，通常会延至一方劫材有利时才能得到解决。

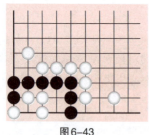

图6-43

例 如图6-43，这是万年劫的一个棋形。

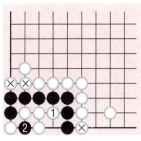

图 6-44

如图 6-44，白棋如想杀黑棋，必须先在外面花几手棋，把 × 位的外气紧完，然后才能在 1 位打吃开劫，而对于白棋来说还是后手劫。

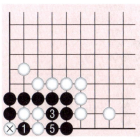

图 6-45（②④脱先）

如图 6-45，黑棋如果想净活，必须先打赢这个劫，而且打胜后不能粘劫，要接着在 3 位、5 位吃白棋胀牯牛，才能活棋。

【连环劫】在一块或几块棋之间，同时存在两个循环往复的劫，叫作连环劫，又叫作摇橹劫。

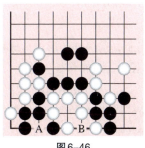

图 6-46

例 如图 6-46，A、B 位两个劫就是连环劫。白棋可以左右来回提劫，而黑棋则永远也打不赢，因此这个连环劫的结果是白棋赢劫。

【三劫循环】对弈中同时出现三个相互关联的劫，各自都无法解消，这种劫叫作三劫循环。出现此种局面一般作和棋论。

例 如图6-47，2013年9月27日，日本第22届龙星战决赛中，山下敬吾执黑与河野临对阵，出现了三劫循环（A、B、C）无胜负的奇局。

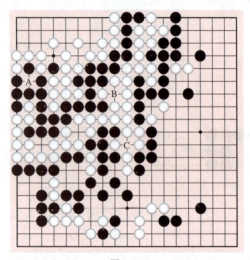

图6-47

【长生】有一种棋形，它虽不是普通劫的形式，却具有劫的同形反复的特性，叫作长生，也叫作长生劫。

图6-48

例 如图6-48，当棋局行至类似棋形时，如果轮到白棋下，只需简单团于×位，黑棋角部呈刀五，净死。

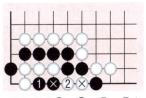

图6-49（❸=✖，④=⊗）

如图 6-49，如轮到黑棋下，黑 1 送吃，白 2 提黑棋两子，黑 3 于黑 × 处提白棋两子，白 4 只能于白 × 处扑，破眼。那么至此又恢复原形，如继续往下走则成循环之势。类似这种棋形称为长生，如果双方互不退让，则判为和棋。

3. 劫活与劫杀

【劫活】被包围的若干子，必须依靠打劫取胜才能成活，这种情况叫作劫活，也叫作打劫活。

【劫杀】依靠打劫取胜才能将对方棋子杀死，这种情况叫作劫杀，也叫作打劫杀。

劫活与劫杀相对。

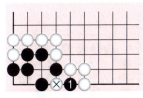

图6-50

例 如图 6-50，黑 1 提掉白 × 一子，劫活。

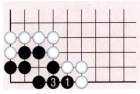

图6-51（②脱先）

如图 6-51，白 2 脱先，黑 3 粘住，这块黑棋才算有两只眼，活棋。

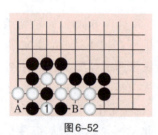

图6-52

例 如图6-52,白1提,劫活。如果白棋赢劫,将在A位或B位解消劫争,活棋。

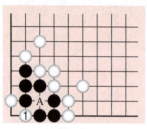

图6-53

例 如图6-53,白1扑,劫杀黑棋,如果白棋赢劫,则在A位提掉黑棋三子,角上黑棋全部死掉。

例 如图6-54,黑先,黑棋有什么好手段能给白棋制造困难吗?

如图6-55,黑1以下至黑7,劫杀白棋。

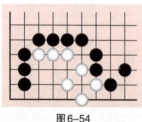

图6-54

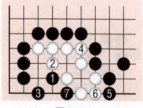

图6-55

注意:遇到局部死活问题,可以考虑做劫,即使不能净活或净杀,也可以占到便宜。

第7章 手筋

围棋中的妙着叫作手筋,手筋就像是游戏中的"必杀技",在关键时刻能帮我们很大的忙。灵活使用手筋,是爱好者棋力的体现。

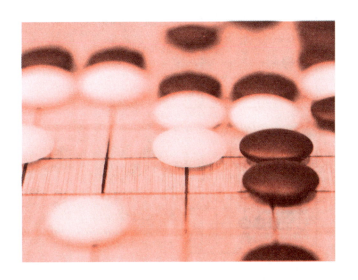

【棋筋】【手筋】在局部接触战中，位于双方棋形要点或急所（急迫的落子之处）上的棋子，叫作棋筋。下出棋筋的着法或过程，叫作手筋。

棋筋非常重要，吃子时，要先吃棋筋；而防守时，即便作为棋筋的子再少，也要保护。

1. 造枷吃的手筋

枷吃是很有力的吃子方法，要是能把看上去似乎不能用枷吃的棋形造成枷吃，就是很好的手筋。

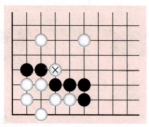

图 7-1

例 如图 7-1，白 × 一子令黑棋很讨厌，有办法消灭它吗？

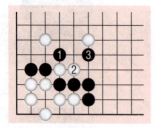

图 7-2

如图 7-2，黑 1 打吃，白 2 只好长出，黑 3 枷吃，白棋没办法了。其中，黑 1 就是造枷吃的好手筋。

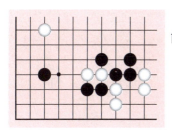

图 7-3

例 如图 7-3,黑先,能吃掉白棋二子吗?

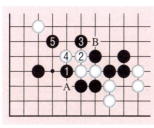

图 7-4

如图 7-4,黑 1、3 两打,是造枷吃的好手筋。接下来黑 5 枷吃,无论白棋走 A 位或 B 位,都难以逃脱被吃的命运。读者朋友们可以自己验证一下,注意要灵活运用不同的吃子方法。

2. 造接不归的手筋

【接不归】连续用打吃、扑等手段追杀对方的棋子,造成对方棋子不能与活子相连而被吃的手段,就叫作接不归。

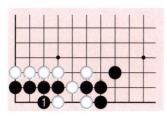

图 7-5

例 如图 7-5,黑 1 打吃,造成了白棋的接不归。这是为什么呢?

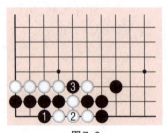

图7-6

如图7-6,白棋如2位粘,则白棋四子只剩1口气,被黑3一下子提掉。因此,白2已经不能接了。

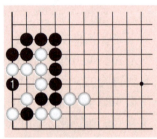

图7-7

例 如图7-7,黑1打吃,白棋成为接不归,黑棋吃掉了白棋5个子。白棋如果顽抗,会产生什么结果呢?请读者朋友们自己摆摆看。

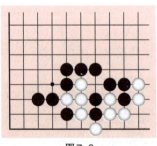

图7-8

例 如图7-8,黑先,这是一个稍复杂一些的接不归的变化。

恋子 指贪恋残子,当弃不弃,往往因小失大,导致棋局不利。

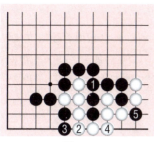

图 7-9

如图 7-9,黑 1 接回二子的同时打吃白棋,白 2 粘,黑 3 继续打,已经形成了接不归。白 4 如执迷不悟,则会被黑 5 连根切断,损失惨重。

接不归是很有力的吃子方法,要是能把看上去不能用接不归的棋形制造成接不归,同样也是很好的手筋。

例 如图 7-10,黑 1 扑是造接不归的第一步。

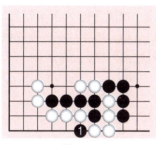

图 7-10

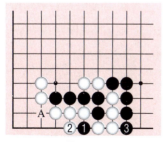

图 7-11

如图 7-11,白 2 提时,黑 3 打吃,待白棋在 1 位粘时,黑棋在 A 位断,吃掉白棋。

3.造倒扑的手筋

通过造倒扑的方式来获得利益,也是很有趣的方法。

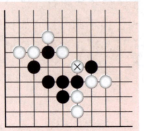

图 7-12

例 如图 7-12,黑先,能利用倒扑吃白 × 一子吗?

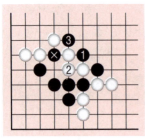

图 7-13

如图 7-13,黑 1 打吃,白 2 粘,黑 3 打吃,形成倒扑吃掉白棋。

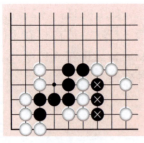

图 7-14

例 如图 7-14,黑棋能用造倒扑的手段吃掉白棋,救出黑 × 三子吗?

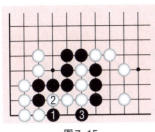

图 7-15

如图 7-15，黑 1 扳，等白 2 打吃时，黑 3 再从下面打吃，巧妙地构成了倒扑的棋形，吃掉白棋，黑棋三子得救。

4. 滚打包收

【滚打包收】连续采用扑、打吃、枷等手法来使对方的棋子形成效率低下的形状，然后再吃掉或在其他方面加以利用，这种手段叫作滚打包收，简称滚打、滚包。

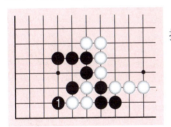

图 7-16

例 如图 7-16，黑 1 扳，这是滚打包收的开始。

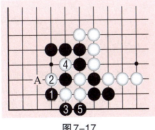

图 7-17

如图 7-17，接下来白 2 打、4 提时，黑 3、5 连续打吃，将白棋打成一个"包子"的形状，白棋如接住，黑棋在 A 位打吃，吃掉白棋。

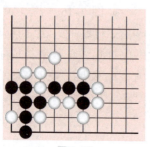

图 7-18

例 如图 7-18，黑棋角上直三被点眼，已经无法做活，怎样下可以做活？

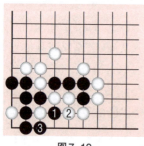

图 7-19

如图 7-19，黑 1 打吃，白 2 粘，黑 3 提。黑棋虽然活了，但不是最好的下法，黑棋失去了全歼白棋的机会。

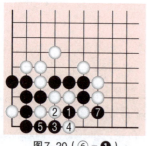

图 7-20（⑥=❶）

如图 7-20，黑 1 断打后，黑 3、5、7 连续打吃，利用滚打包收吃掉白棋。

滚打包收出妙棋 滚打包收是实战中常用的攻击手段，它可以逼迫对方自我撞气，走成效率低下的愚形，其通常都是妙手。

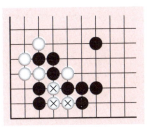

图 7-21

例 如图 7-21,白棋有什么办法可以利用白×三个死子占黑棋的便宜?

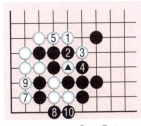

图 7-22(❻ = ▲)

如图 7-22,白 1 跳,黑 2、4 只好提掉白▲一子,被白棋滚打包收后又被白 7、9 占尽便宜。

5. 乌龟不出头

【乌龟不出头】通过挖和打吃的手段,让对方的棋子形成像乌龟一样的棋形而最终被吃掉的手筋,叫作乌龟不出头。

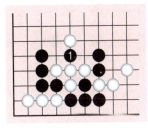

图 7-23

例 如图 7-23,黑 1 挖,拉开了乌龟不出头的序幕。

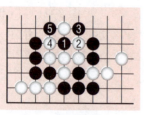

图7-24

如图7-24，接下来，白2、4虽打吃提掉黑棋一子，但黑3、5两打，白棋被吃掉。

6. 竹节筋

【竹节筋】用夹的手段，走在对方双的位置上，进而吃掉对方棋子的手筋，叫作竹节筋。我们之前讲过，双也叫作竹节形，而夹在对方竹节形的要点上，就是竹节筋名字的由来。

例　如图7-25，黑棋四子被包围，但白棋的包围圈存在缺陷。黑1夹，好棋，白×二子被吃，黑棋得救。当然，这一步夹，按照位置来说，也可以叫作嵌或卡。

如图7-26，白2如果接，黑3打吃，白棋四子被吃

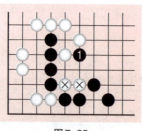

图7-25

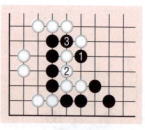

图7-26

双单形见定靠单　遇到对方出现"双单"棋形，即类似竹节筋的棋形时，一定要靠住单子。

掉。为了避免损失，黑1夹时，白2只能在3位粘，黑3在2位吃掉白棋二子。

7. 胀牯牛

【胀牯牛】棋子在被打吃、被围之后，因为气紧而无法自行粘接，只能等死的情况，叫作胀牯牛，也叫作胀死牛。

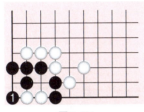
图7-27

例　如图7-27，黑1扑，看似要形成打劫，却是胀牯牛的手筋。

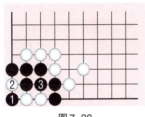
图7-28

如图7-28，白2提时，黑3粘，白棋三子没法在1位粘，于是黑棋活了。

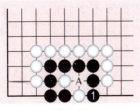
图7-29

例　如图7-29，这是一个更简单的胀牯牛变化。黑1立下，白棋没法在A位接住做成曲三杀死黑棋，只好眼睁睁地看着黑棋活了。

8. 金鸡独立

【金鸡独立】 利用对方气紧，在一路立或尖，造成对方棋子两边不入气的着法，叫作金鸡独立。

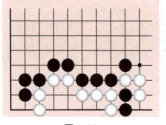
图7-30

例 如图7-30，黑先，黑棋怎样下可以获得一些便宜？

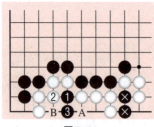
图7-31

如图7-31，黑1断打，白2粘，黑3立。由于有黑×二子的存在，白棋A位和B位都不入气，左边的五子被黑棋吃掉了。

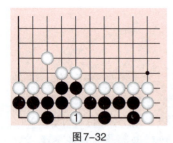
图7-32

例 如图7-32，白1立下，就形成了典型的金鸡独立棋形。因为黑棋两边都紧不了白棋的气，因此只能和白棋二子一起成为公活。

多弃一子能出棋 被围死的棋子，为了能更好的利用，一般都再走一步或若干步后再弃掉。

9. 倒脱靴

【倒脱靴】 首先让对方提掉一些棋子，接着再用断的手段，来反吃回一部分对方的棋子，这种手筋就叫作倒脱靴。

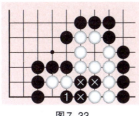

图 7-33

例 如图 7-33，黑 1 打，看似多送一子，却隐藏着巧妙的后续手段。

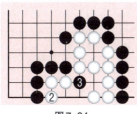

图 7-34

如图 7-34，白 2 提后，黑 3 断打，吃回白棋三子，白棋眼位被破，变成死棋。

10. 老鼠偷油

【老鼠偷油】 通过点和断的手段，让对方因不入气而被吃掉，这种手筋叫作老鼠偷油，是边角死活的基本棋形之一。经典的老鼠偷油棋形，就好像一只小老鼠拖着一个大油瓶。

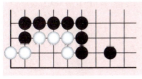

图 7-35

例 如图 7-35，黑先，这是老鼠偷油的基本型，黑棋怎样下可以杀掉白棋呢？

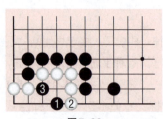

图7-36

如图7-36，黑1透点，白2立，黑3断，白棋两边都不入气，变成了死棋。

老鼠偷油的手筋还可以帮助我们获得实空上的便宜。

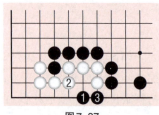

图7-37

例 如图7-37，黑1透点，白2不能挡只能粘住，黑3将黑1一子拉回，就好像老鼠一样，"偷"到了对方的实空。

11. 黄莺扑蝶

【黄莺扑蝶】这是一种常用来对付二线左右两扳的手筋，基本棋形是一方在三线为紧气二子头且在二线扳，另一方可在一线点，进而将其吃掉。由于被吃的一方左右先后两扳形似蝴蝶展翅，故而得名。

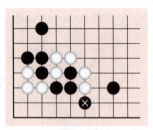

图7-38

例 如图7-38，白先，黑×扳，眼看就要渡过，白棋该怎样下？

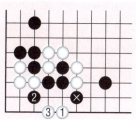

图7-39

如图7-39,面对黑×的扳,白1一路点,妙手。黑2如再扳,白3再在一路并,黑棋已经无法逃跑,只能被吃。

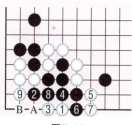

图7-40

如图7-40,接下来,尽管黑4、6、8顽抗,但白棋一路紧逼,最终至白9,黑棋就算在A位提掉两子,被白棋在B位挡住后,也只有2口气,只得束手就擒。

12. 大头鬼

【大头鬼】用断和立的手段,送给对方吃几个棋子,让对方的棋子团在一处,走成好像"秤砣"的棋形,这种手筋叫作大头鬼,也叫作秤砣。一般来说这种棋形效率极低。

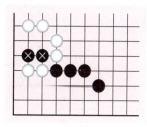

图7-41

例 如图7-41,黑先,黑棋能救出黑×二子吗?

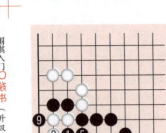

图7-42

如图7-42，黑1扳后，黑3连扳，送吃掉黑3和黑7两子，把白棋做成"秤砣"的形状。

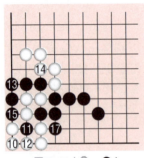

图7-43（⑯=⓫）

如图7-43，白10提，黑11扑，至黑17，白棋被吃。

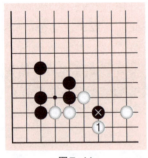

图7-44

例 如图7-44，黑×打入，白1托应对。

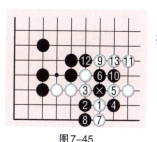

图7-45

如图7-45,面对黑2扳,白棋送吃1、7二子。

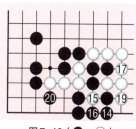

图7-46(**18** = ⑮)

如图7-46,至黑20,白棋通过送吃两子,让黑2至18构成效率很低的"秤砣"形状,而白棋则在外面筑起厚势,白棋不错。

13. 送佛归殿

【送佛归殿】在征子不利时,通过类似于征子的方式,紧贴着对方棋子的气追击,最终把它们吃掉,这种手筋叫作送佛归殿,也叫作软征子。

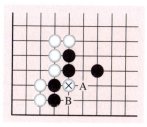

图7-47

例 如图7-47,在黑棋的阵营中有白×一子,黑棋若在A位打吃,白棋在B位长,黑棋二子反被吃,黑棋还有别的办法吗?

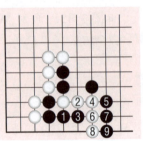

图7-48

如图7-48,黑1打吃,好手,紧接着黑3、5、7、9几手紧紧贴住白棋,白棋最终差1口气被吃。

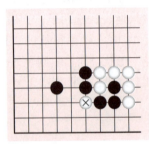

图7-49

例 如图7-49,黑先,黑棋能吃掉白×一子并将自己连好吗?

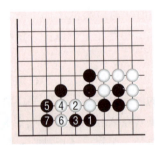

图7-50

如图7-50,黑1从下面打吃,至黑7,白棋被吃。

14. 相思断

【相思断】相思断是围棋中的一个特殊手筋，通过搭和断的方式，吃掉对方重要棋子（棋筋），取得主动。

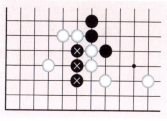

图7-51

例 如图7-51，黑先，黑×三子被断开了，还能把它们救出来吗？

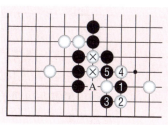

图7-52

如图7-52，黑1搭、3断，白棋陷入困境。白4从上边打吃，被黑5断，白棋无法在A位粘，白×二子棋筋被吃，黑棋三子获救。

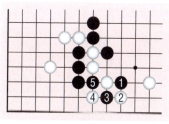

图7-53

如图7-53，黑3断，白4在下边打吃，则黑5断，白棋还是不行。

15. 方朔偷桃

【方朔偷桃】 这是一种利用对方气紧，采用一路尖的手段，逃回自己棋子的手筋。

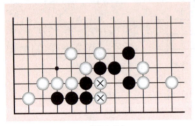

图 7-54

例 如图 7-54，白先，白×二子被吃，还有机会逃出吗？

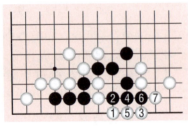

图 7-55

如图 7-55，白1一路尖，巧妙！黑2挤时，白3一路跳是正解。至白7，白棋连回，黑棋左边四子自然死掉了。

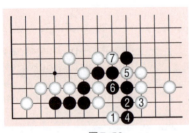

图 7-56

如图 7-56，黑棋如想反抗，则将陷入困境。至白7，黑棋因为气紧被吃，损失更大。

第 8 章 定 式

定式是人们在下棋过程中不断总结、凝练出来的局部固定下法,是布局的基础。虽然,定式有一定的套路,但并非一成不变,在实战中应当随着战术的制订及周围棋形的实际情况来灵活使用。

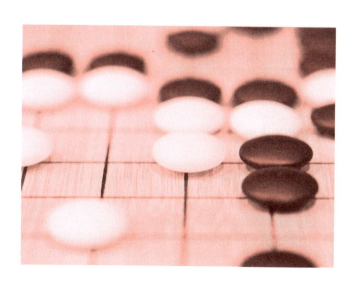

【定式】 在布局阶段，双方在角部的争夺中，按照一定行棋次序，选择比较合理的下法，最终形成双方大体安定、利益较为均等的基本棋形，这个棋形就叫作定式。

定式是布局的基础，它的种类很多，变化无穷，对于那些基本定式，我们必须要掌握，而对于那些复杂的定式，我们要了解它们的变化过程及含义。

如图 8-1，此为星定式的一型。

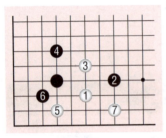

图 8-1

定式通常是在一方先占角，另一方挂角之后产生的，依照先占角一方所占的位置，分为以下几种。

小目定式——种类最多，也最繁复。

星位定式——数量仅次于小目定式。

目外定式——罕见。

高目定式——罕见。

三三定式——数量不多。

1. 占角

【占角】对局中,一方把棋子下在棋盘任意一角的星位或星位附近位置,叫作占角。占角,可以看作是定式的开始。占角的常见位置有星位、小目、目外、高目等。

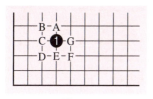

图 8-2

如图 8-2,黑棋走在 1 位或其他字母的位置,都叫作占角。

2. 守角

【守角】在角上已有己方占角一子的情况下,再下一子起到加强作用,叫作守角。

图 8-3

如图 8-3,黑 1 即为守角。黑棋走在 A、B、C 等位,也是常见的守角手段。

【小飞守角】采用小飞的形式守角,叫作小飞守角,简称小飞角。

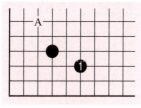

图 8-4

如图 8-4,黑棋下在 1 位或 A 位,都是星位的小飞守角。

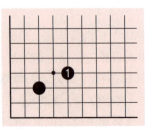

图8-5

如图8-5，黑1是三三的小飞守角，对三三一子起到了很好的加强作用。

【无忧角】 以占角的小目为基础，下一手走在目外的守角方式，叫作无忧角。

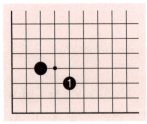

图8-6

如图8-6，黑1小飞，构成无忧角。

小目的小飞守角之所以被称为无忧角，是因为这种棋形被认为基本能够牢靠地控制住角上的实地。

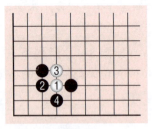

图8-7

如图8-7，白1试图入侵，但黑棋无论是走2位夹还是3位长，白棋都占不到便宜。

不过，无忧角也并非完全"无忧"。

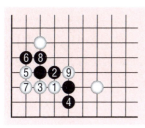

图8-8

如图8-8，当两边均被对方逼住的时候，无忧角就有了危机。白1侵入，黑2如挡住，白3以下至白9，由于两边的白子接应，黑棋陷入困境。

【单关守角】采用单关的形式守角，叫作单关守角，也简称单关角。

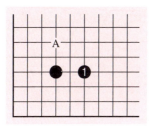

图8-9

如图8-9，黑棋下在1位或A位都是星位的单关守角。

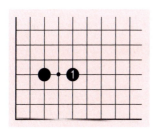

图8-10

如图8-10，黑1是小目的单关守角。

【大飞守角】 采用大飞的形式守角，叫作大飞守角，简称大飞角。

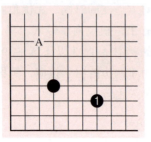

图 8-11

如图 8-11，黑棋下在 1 位或 A 位都是星位的大飞守角。

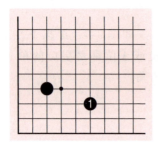

图 8-12

如图 8-12，黑 1 是小目的大飞守角。

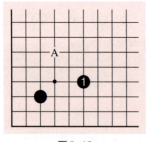

图 8-13

如图 8-13，黑棋下在 1 位或 A 位都是三三的大飞守角。

【二间跳守角】采用二间跳的形式守角，叫作二间跳守角。这种守角方式在实战中采用的较少。

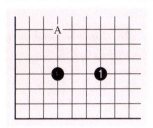

如图 8-14，黑棋下在 1 位或 A 位都是星位的二间跳守角。

图 8-14

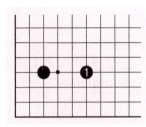

如图 8-15，黑 1 是小目的二间跳守角。

图 8-15

【玉柱】为巩固地域或加强形势，在角部或边上顺着己方原有棋子立一着，就叫作玉柱，俗称砸钉。

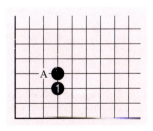

如图 8-16，黑棋下在 1 位或 A 位都是玉柱。

图 8-16

3. 挂角

【挂角】 一方把棋子下于另一方占角棋子附近的着法，叫作挂角。

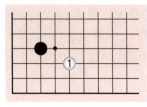

图8-17

如图8-17，白1是针对白棋小目的挂角。

【小飞挂】 这种在对方原有棋子低一路的小飞处挂角的方法，叫作小飞挂，也叫作一间低挂。

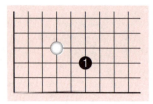

图8-18

如图8-18，黑1是对白棋星位的小飞挂。

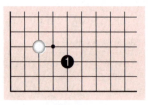

图8-19

如图8-19，黑1是对白棋小目的小飞挂。

【大飞挂】 这种在对方原有棋子低一路的大飞处挂角的方法,叫作大飞挂,也叫作二间低挂。

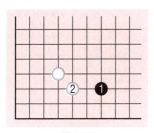

图 8-20

如图 8-20,黑 1 是对白棋星位的大飞挂。白 2 尖是常见的应法。

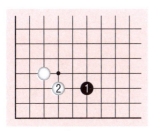

图 8-21

如图 8-21,黑 1 是对白棋小目的大飞挂。白 2 尖是常见的应法。

【单关挂】 和对方原有棋子平行,且距离一路的挂角方法,叫作单关挂,也叫作高挂、一间高挂。

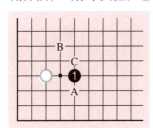

图 8-22

如图 8-22,黑 1 是对白棋小目的单关挂。白棋有多种应法。常见的有 A、B、C 位三种。

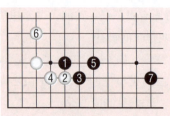

图 8-23

如图 8-23，黑 1 挂，白 2 托、4 退，至黑 7 为止，形成白棋得角地、黑棋得边空的两分局面。

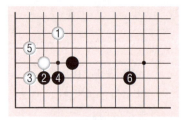

图 8-24

如图 8-24，白 1 小飞，黑 2 托、4 退，再于 6 位开拆，同样是两分局面。

如图 8-25，白 1 上搭，黑 2、4 应对，也是一种变化。

如图 8-26，黑 1 是对白棋星位的单关挂。这种挂法在实战中出现得非常少，读者朋友们了解一下即可。

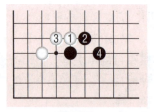

图 8-25

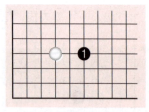

图 8-26

4. 星定式

【**星定式**】以星为基础下成的定式，称为星定式。

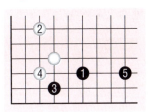

图 8-27

如图 8-27，黑 1 小飞挂角，白 2 小飞应对，黑 3 小飞进角，白 4 小尖防守，黑 5 拆二，形成两分局面。

【**双飞燕**】当一方小飞挂对方星位后，对方脱先不应，前者继续在该星位的另一侧小飞挂，对其进行夹击。因棋形如飞燕展翅，故称为双飞燕。

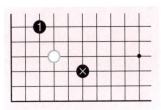

图 8-28

如图 8-28，黑棋挂角时白棋不应，黑 1 在另一边挂角，形成双飞燕。

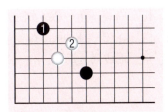

图 8-29

如图 8-29，白 2 小尖，是常见的双飞燕变化。

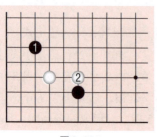

图8-30

如图8-30,白棋选择向一边黑子跳压,也是常见的双飞燕变化。

【倚盖定式】被对方小飞挂星位时,采取在对方挂角之子上方压的手段,叫作倚盖,这类定式叫作倚盖定式。

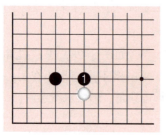

图8-31

如图8-31,黑1压白棋挂角一子,成为倚盖的形式。

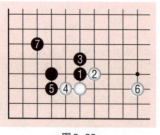

图8-32

如图8-32,黑1压、3长,白4进角,黑5挡住,白6在下边开拆,黑7守角,形成两分局面。

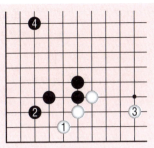

图 8-33

如图 8-33，图 8-32 中的白 4 也有走在本图 1 位的，以下演变至黑 4，与图 8-32 大同小异。

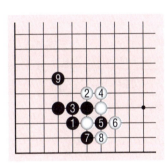

图 8-34

如图 8-34，图 8-32 中的白 2 扳时，黑棋也有在本图中 1 位挡角的下法，至黑 9，也是黑棋获得角地，白棋获得外势。

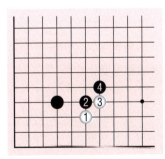

图 8-35

【大压梁】这是倚盖定式的一个变化。如图 8-35，当白 1 小飞挂星位时，黑 2 压、白 3 扳、黑 4 扳，叫作大压梁，这是一种后手方取势的定式。当代围棋中已经出现得较少了。

【镇神头】当一方小飞挂星位时，被挂的一方在挂角之子上方镇，就称为镇神头。

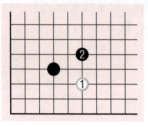

图 8-36

如图 8-36，白 1 小飞，黑 2 飞镇，形成镇神头。

【倒垂帘】当对方小飞挂己方的星位时，采用在对方棋子"尖"的位置（4，7）下子，叫作倒垂帘。

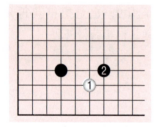

图 8-37

如图 8-37，白 1 小飞挂，黑 2 倒垂帘。

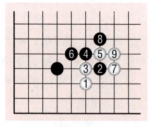

图 8-38

如图 8-38，这是倒垂帘的常见变化。

5. 小目定式

【小目定式】以小目为基础下成的定式,称为小目定式。

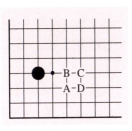

图 8-39

如图 8-39,对于黑棋的小目,白棋有四种常见挂法。

A 位一间低挂(小飞挂)。

B 位一间高挂(单关挂)。

C 位二间高挂。

D 位二间低挂(大飞挂)。

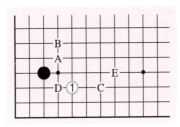

图 8-40

如图 8-40,白 1 小飞挂是常见的挂法。黑棋有 A 至 E 位几种应法。

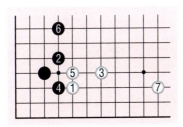

图 8-41

如图 8-41,白 1 小飞挂,黑 2 小尖应,黑 4 尖顶,守住角地,黑 6 跳向左边发展,白 7 占据下边,双方两分。

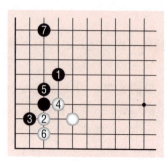

图8-42

如图8-42,黑1飞也是定式的一型。白2托、4虎,等黑棋应后,白6立下,下一步拐进角部官子很大。黑7拆,经营左边。黑7也可以多拆一路。

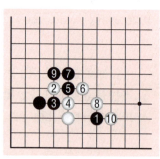

图8-43

如图8-43,黑1一间低夹,白2飞罩,黑3、5冲断,至白10,白棋得下边,黑棋得左边。

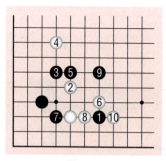

图8-44

如图8-44,白2跳也是定式的一型。黑3飞,白4拦,以下至白10,双方都可接受。

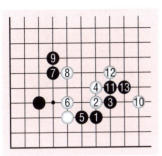

图 8-45

如图 8-45，白 2 压也很有力。黑 3 扳时，白 4 长。黑 5 至 9 是正常应对。白 10 夹击右边的三颗黑子。黑 11 至 13 愚形出逃，战斗由此开始！

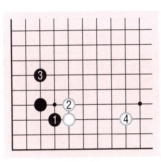

图 8-46

如图 8-46，黑 1 尖顶，白 2 长，黑 3 拆一，白 4 在下面拆，双方两分。

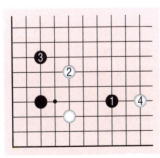

图 8-47

如图 8-47，黑 1 二间高夹，白 2 二间跳，黑 3 跟着拆二，白 4 夹，今后有可能会有一场战斗。

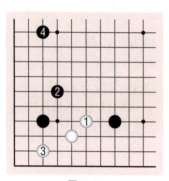

图 8-48

如图 8-48，图 8-47 中的白 2 在本图 1 位尖也可以。至黑 4，双方两分。

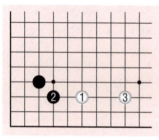

图 8-49

如图 8-49，白 1 大飞挂，黑 2 尖，白 3 拆，这个定式非常简明。

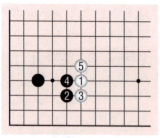

图 8-50

如图 8-50，白 1 二间高挂，黑 2 飞是常见应对。至白 5，形成黑棋得实地，白棋得外势的局面。二间高挂通常比较重视外势。

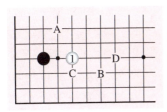

图 8-51

如图 8-51,白 1 单关挂也是常见的挂法。对此,黑棋有 A 至 D 位几种应法。

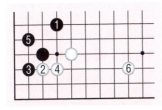

图 8-52

如图 8-52,黑 1 小飞应,白 2、4 托退,一般分寸,至白 6,黑棋得左边,白棋得下边。

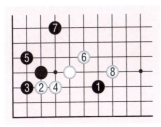

图 8-53

如图 8-53,黑 1 一间低夹应,白 2、4 依然托退,至白 8,仍然是两分局面。

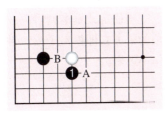

图 8-54

如图 8-54,黑 1 托,白棋一般有 A、B 位两种应法。

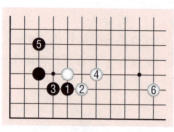

图8-55

如图8-55,白2扳,黑3退,白4虎,黑5跳,白6拆,双方两分,这是20世纪80年代最流行的定式之一,叫作木谷定式。

【雪崩定式】当一方高挂对方小目角时,后者下托,前者于星位顶,待后者挡住后再扳,即成为雪崩定式,这是著名的小目定式变化。

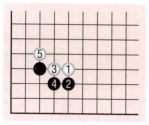

图8-56

如图8-56,白1挂角,黑2托时,白3顶、5扳,形成雪崩定式。

【小雪崩】如图8-57,下完雪崩定式基本型后,占角的一方立即扳二子头,叫作小雪崩。

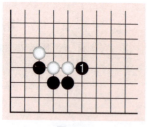

图8-57

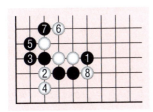

图 8-58

如图 8-58，接图 8-57，黑 1 扳起后，白 2 断、4 立，以下演变至白 8 断，这是小雪崩的常见变化。

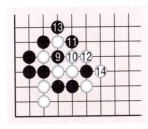

图 8-59

如图 8-59，黑 9 至白 14 形成转换，黑棋提掉白棋二子，在左边形成厚势；白棋在下边的收获也很巨大。

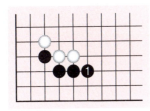

图 8-60

【大雪崩】 如图 8-60，下完雪崩定式基本型后，占角一方向托角的一边三线长，叫作大雪崩。

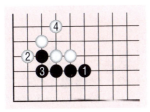

图 8-61

如图 8-61，简明变化。黑 1 长时，白 2 简单打吃，再在 4 位虎住，黑棋得实地，白棋得左边外势。

如图8-62，传统外拐变化。白1压，黑2扳，白3断、5立，必然。黑6外拐，白7断，以下至黑16，白棋吃掉黑棋三子得到实地，黑A将来是先手，黑棋外势比较完整。

如图8-63，白13也可以在上边先打吃黑棋，接下来双方的着法与图8-62大同小异。

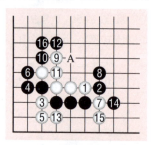
图8-62

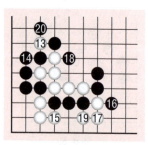
图8-63

如图8-64，吴清源内拐变化。图8-62中的黑6在本图中1位内拐是变着，白4断时，黑5、7、9关键，至黑15跳，反而是白棋三子被吃，一般认为本变化黑棋稍有利。

如图8-65，现代大雪崩。黑棋内拐后，白1先断是变着。以下至黑8为必然，白9长，好棋。至白15，白棋吃掉左边，而黑棋吃掉下边三子，局面两分。

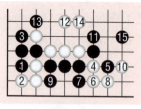
图8-64

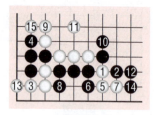
图8-65

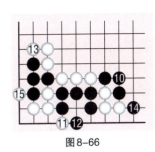

图 8-66

如图 8-66，简明大雪崩。黑 10 粘，演变至白 15，与图 8-65 大同小异。

【妖刀定式】小目一间高挂定式中，被挂方二间高夹应，挂角方大飞压迫对方角上一子，叫作妖刀定式。

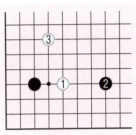

图 8-67

如图 8-67，白 1 挂角时，黑 2 二间高夹，白 3 大飞压，即为妖刀定式。

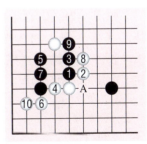

图 8-68

如图 8-68，接图 8-67，黑 1 搭，白 2 扳、4 顶为必然，以下至白 10 是妖刀定式最常见的变化。之后黑棋如征子有利，可以在 A 位断，白棋需要随时提防。

6. 目外定式

【目外定式】以目外为基础下成的定式，叫作目外定式。

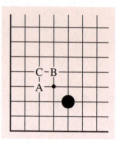

图 8-69

如图 8-69，目外有三种常见的挂法。

A 位低挂——意在取实地或发起战斗。

B 位高挂——意在取外势。

C 位目外挂——意在简明定形。

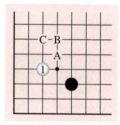

图 8-70

如图 8-70，白 1 低挂，对此，黑棋有 A、B、C 位三种常见应对方法。其中，在 B 位应将形成著名的大斜定式。

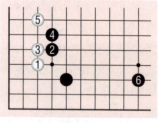

图 8-71

如图 8-71，对白 1 低挂，黑 2 飞压，白 3 爬，黑 4 长，白 5 跳出，黑 6 在下边开拆，两分局面。

妖刀　围棋中的妖刀指少见、奇怪、复杂的着法或变化。

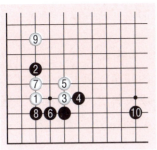

图8-72

如图8-72，黑2一间夹也是常见的着法。白3压，黑4和白5交换后，黑6、8进角。白9夹时，黑10在下边拆或脱先。黑2一子还有不小的活动能力，黑棋不坏。

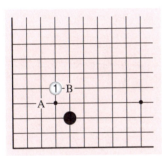

图8-73

如图8-73，白1下在高目的位置上，叫作高挂。黑棋有A、B位两种应法，其中A位较为常见。

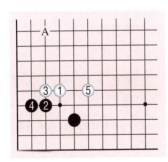

图8-74

如图8-74，黑2飞，守住角地，很大。白3和黑4交换后，白5跳起，也可以在A位一带开拆。

【大斜定式】 一方低挂目外时，被挂角的一方大飞压挂角的一子，叫作大斜定式。

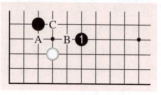

图8-75

如图8-75，面对白棋的挂角，黑1大飞压，形成大斜定式。白棋通常有A、B、C位三种应法。

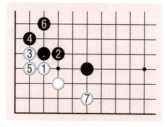

图8-76

如图8-76，白1尖顶，是重视实地的简明下法。白3、5先手扳粘后，白7飞，角地很大。白7也可以脱先。

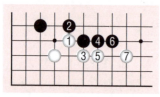

图8-77

如图8-77，白1尖顶另一边也是一种简明的应法，至白7，白棋得下边，黑棋得外势。

图8-78

如图8-78，白1压是最复杂的变化。黑2挖、4粘必然。白棋又有A、B位两种应法。

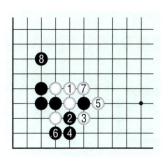

图 8-79

如图 8-79，白 1 上粘比较简明。黑 2、白 3 必然，白 5、7 征吃一子获得外势，黑棋获得角上和左边实地，双方都可以接受。

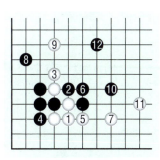

图 8-80

如图 8-80，白 1 下粘，形成复杂定式。至黑 12，预示着今后棋盘上将发生一场战斗。

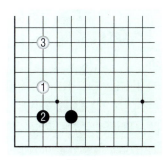

图 8-81

如图 8-81，白 1 目外挂，黑 2 一般在三三守角，白 3 左边拆二，棋局将平稳进行。

7. 高目定式

【高目定式】以高目为基础下成的定式,称为高目定式。

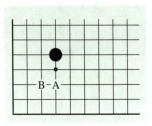

图 8-82

如图 8-82,高目有两种常见挂法。

A 位小目挂。

B 位三三挂。

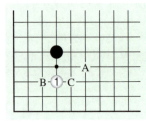

图 8-83

如图 8-83,白 1 小目挂。黑棋有三种主要应法,即 A 位飞压、B 位内靠和 C 位外靠。

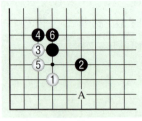

图 8-84

如图 8-84,面对白 1 挂角,黑 2 飞压是最"休闲"的下法。白 3 托,黑 4 退后,黑 6 粘住。这是很典型的白棋得实空,黑棋得外势的下法。

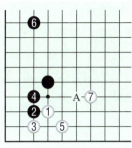

图 8-85

如图 8-85，白 1 挂，黑 2 内靠，是重视实地的下法。以下至白 7，双方两分局面。白 7 也可以走 A 位。

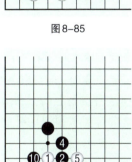

图 8-86

如图 8-86，白 1 挂，黑 2 外靠，这个变化比较复杂。白 3 下扳，必然。黑 4 退，白 5 扳，黑 6 断在外边是要角地（围棋中有"断哪边吃哪边"的说法）。至黑 10，黑棋得角地。白棋提一朵花，也可以满意。

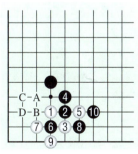

图 8-87

如图 8-87，黑 6 如果断在里面，就是取外势的下法。至黑 10，黑棋征吃一子。注意：黑棋这样下的前提必须是征子有利，否则黑棋会有很大的麻烦。今后黑棋走在 A、C 位都是先手，白棋要相应在 B、D 位应。

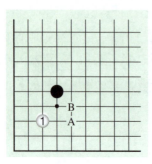

图 8-88

如图 8-88，由于高目位置偏高，黑棋角上空虚，白 1 三三挂是重视实地的下法，黑棋通常有 A、B 位两种应对方法。

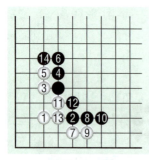

图 8-89

如图 8-89，对于白 1 三三挂，黑 2 飞应。以下至黑 14，白棋角上的空很大，而黑棋得到了很厚的外势，也可以满意。

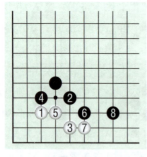

图 8-90

如图 8-90，黑 2 尖也是一种应法。接下来白 3 飞，黑 4 尖顶后，黑 6、8 压制白棋，也是双方都可接受的两分局面。

8. 三三定式

【三三定式】 以三三为基础下成的定式,叫作三三定式。

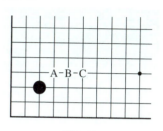

图 8-91

如图 8-91,对于三三有三种常见挂法。

A 位肩冲挂。

B 位小飞挂。

C 位大飞挂。

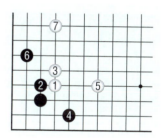

图 8-92

如图 8-92,白 1 肩冲挂,黑 2 长,黑 4、6 向两边飞,形成白棋得外势、黑棋得实地的局面。

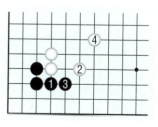

图 8-93

如图 8-93,图 8-92 中的黑 4 也可在本图中 1 位拐,至白 4,也是一种变化。

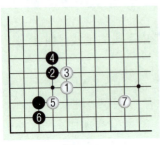

图 8-94

如图 8-94，白 1 小飞挂，以下演变至白 7，黑棋得左边，白棋得下边。

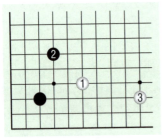

图 8-95

如图 8-95，白 1 大飞挂，黑 2 大飞应，白 3 在下边斜拆三，这个定式也非常简明。

第 9 章 布局

布局,也叫作序盘,是由各种定式按照一定目的、构思组成的,它是一局棋开头的必经之路。

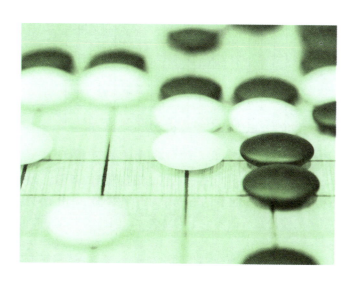

1. 按起手分类

【平行型布局】起手在棋盘的同一边，先占据两角的布局，叫作平行型布局。

如图9-1，从黑1至白4就是标准的平行型布局。

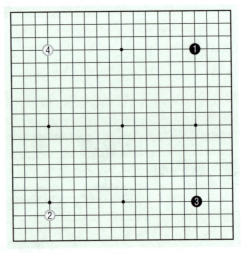

图9-1

【对角型布局】起手占据棋盘相对两角的布局，统称为对角型布局，也有的书里称为斜行型布局。由于对角型布局使得双方的实空不容易连片，因此发生战斗的可

空守挂角是次序　布局时，占空角、守角、挂角是正确的行棋次序。

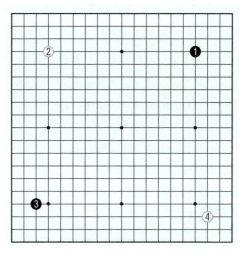

图9-2

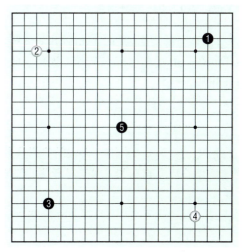

图9-3

能性较大。

如图 9-2，从黑 1 至白 4 就是对角型布局的一例。

【特殊型布局】不遵循常规方法的布局总称为特殊型布局。如起手不占据角部，或迅速占据天元等特殊位置的布局。

如图 9-3，这是由吴清源走出的三三 – 星 – 天元布局，可称为特殊型布局的典范。黑 1 走三三，黑 3 在对角的位置走星位，黑 5 直接占据天元，完全无视对手本因坊秀哉走出的两个小目。

2. 星布局

【对角星】一方占据两个对角的星位，叫作对角星，此布局也叫作对角星布局。

如图 9-4，黑 1、3 构成对角星。

【二连星】在布局时连续两手棋占领相邻的两个角的星位（两子同在一条直线上），就叫作二连星，此布局也叫作二连星布局。

如图 9-5，黑 1、3 就是二连星。

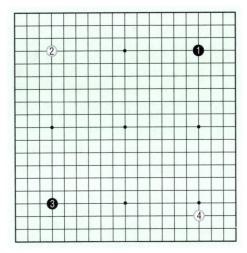

图 9-4

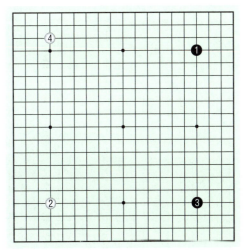

图 9-5

【三连星】一方占领同一条边上的三个星位，就叫作三连星，此布局也叫作三连星布局。由于三个子都处在第四线上，故这种布局的侧重点不是占角，而是向中央发展。

如图9-6，黑1、3、5在右边布下三连星的阵势。

【四连星】一方在三连星的基础上，再占据相邻边上的一个星位，叫作四连星，此布局也叫作四连星布局。

如图9-7，黑1、3、5在右边布下三连星后，黑7继续占据星位，构成四连星。

【五连星】一方在四连星的基础上，再占据天元位置，叫作五连星，此布局也叫作五连星布局。

如图9-8，黑1至黑9连续占据五个星位，构成了五连星。

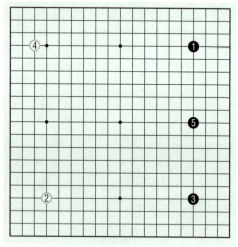

图9-6

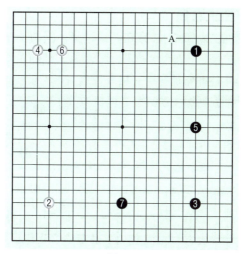

图 9-7

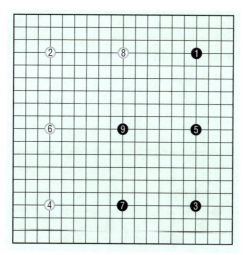

图 9-8

3. 三三布局

【两三三布局】一方在开局选择占据两个三三的布局,叫作两三三布局。这是一种重视实地的布局,在20世纪80年代非常流行,一般来说,由于黑棋要贴目,行棋时通常会更加主动一些,因此实战中两三三布局多由白棋下出。

如图9-9,白2、4在右边连下两个三三,构成两三三布局。接下来,黑棋有A、B位等下法。

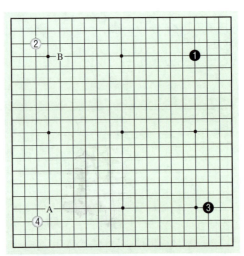

图9-9

4. 小目布局

【错小目】在棋盘的一边占据两个交错方向的小目,叫作错小目,此布局也叫作错小目布局。

如图9-10,黑1、3构成错小目布局。

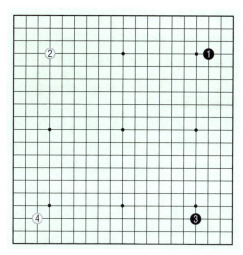

图 9–10

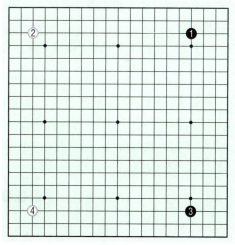

图 9–11

【对向小目】在棋盘的四线上占据两个相对方向的小目,叫作对向小目,此布局也叫作对向小目布局。

如图9-11,黑1、3构成对向小目布局。

5. 布局流派

【中国流】一方起手占据星、小目和小目一侧九三路拆边所构成的布局阵势,由于是中国棋手陈祖德九段首创,故称为中国流,也称为低中国流,是现代流行布局之一。

如图9-12,黑1走星位,黑3占据小目,黑5走九三路拆,构成了低中国流。

【高中国流】一方起手占据星、小目和小目一侧九四路拆边所构成的布局阵势,叫作高中国流。它因拆边比中国流高一路而得名。

如图9-13,黑5走四线,比A位高一路,构成了高中国流。

【迷你中国流】己方占据一边小目后,小飞挂对方对面的星位后,再拆回小目一侧九三路的布局,叫作迷你中国流。这个步调很快的布局,最早是由韩国棋手下出来的,因此也叫作韩国流。

占地高低宜配合　指布局或围地时应该高(四线)和低(三线)搭配才合理,均衡发展实地和外势,棋形也更具弹性。

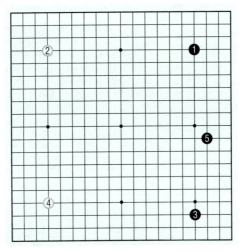

图9-12

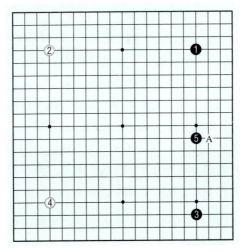

图9-13

如图9-14，黑3占据右下角的小目，紧接着黑5位小飞挂白2的星位，黑7拆回九三路，构成迷你中国流。

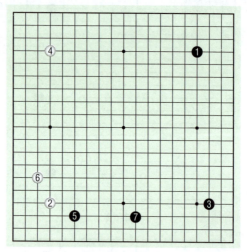

图9-14

【宇宙流】宇宙流是围棋的一种布局风格，20世纪由日本棋手武宫正树所创造并发展。

比起实地，武宫先生更重视外势。他主张棋子应该向中腹，而不是边上发展，在他执黑的棋局中，大多数都是以侧重外势的三连星布局为主，而执白的棋局也多下在四线，由于这种布局的下法不重视边角，而着眼于整个中腹的作战，因此被称作宇宙流。

【大模样】尚未成为实地的阵势很大的区域，叫作大模样，简称模样。

如图 9-15，这是 1988 年 6 月 8 日武宫正树执黑对大竹英雄的对局。黑棋不但在右边布下三连星，而且在左边也围起一块大模样，整盘棋下得赏心悦目，堪称宇宙流典范之作。最后这盘棋黑棋中盘获胜。

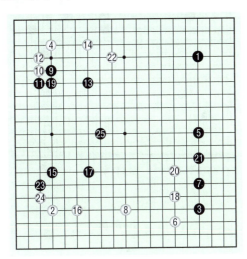

图 9-15

【秀策流】秀策流指的是黑 1、3、5 连续三手都先放在错小目的位置，等待对手前来挂角，因此也称为 135 布局。由于在秀策时代黑棋没有贴目，所以可以采用这种典型的以逸待劳的下法。

如图 9-16，黑棋 1、3、5 连续错小目，即为秀策流。

【星小目布局】在棋局的一边占据一个星位和一个小目的布局，叫作星小目布局。一般来说，组成星小目的两

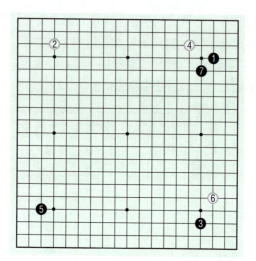

图9-16

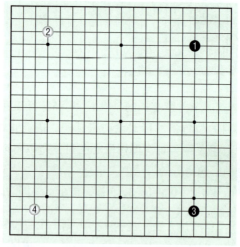

图9-17

个子在一条直线上。

如图9-17,黑1占据右上角星位后,3位走右下角小目,黑1和黑3在一条直线上。

【小林流】由日本棋手小林光一创立的黑棋布局形式。如图9-18,黑1、3构成星小目之后,黑5立刻挂白棋左下角,然后在7位或A位拆回,就构成了小林流。小林流的基本思路是"实地第一,不走冒险棋"。经过很多盘实战的检验,这种开局可以基本保证实地不受损失。

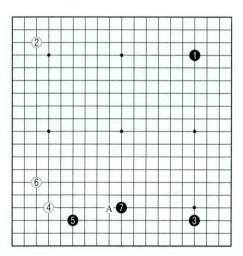

图9-18

如图9-19，白1在右下角挂角，黑2一间低夹，以下演变至白11，黑棋保住了下面的实地，而且还留有黑A、白B、黑C的利用手段，黑棋可以满意。

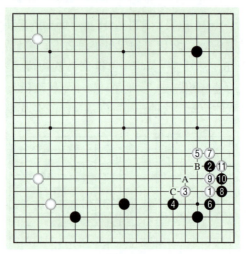

图9-19

6.大场

【大场】布局时，边角没有被占领的宽阔位置，叫作大场。大场是一个宽泛的定义，它指的不是某一个位置，而是一整片宽阔区域。布局时，要抢先占领大场。

如图9-20，黑白双方占完了四个角，以下A、B、C、D四条边上的开阔区域都是大场。

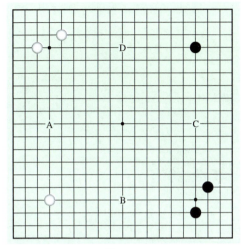

图9-20

第10章 中盘

布局阶段结束就进入中盘。在高手的对局中,决定胜败的关键往往就在中盘阶段。这一部分要更加复杂,要稍微考验一下你的综合能力啦。

做好准备了吗?

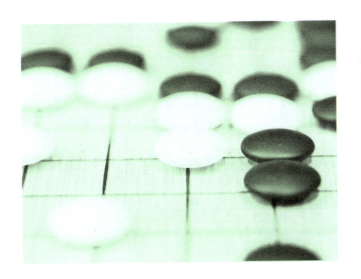

1. 打入

【打入】在对方的阵中投下一子（常常在三四线），叫作打入。通常打入的棋子不直接触及对方的子。

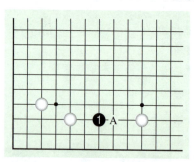

图 10-1

例 如图 10-1，黑 1 或 A 位对于白棋的拆四，就叫作打入。

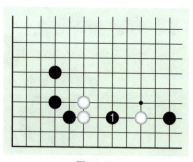

图 10-2

例 如图 10-2，这是很常见的星位定式。在右边有黑子接应的情况下，黑 1 打入是很有力的着法。

例 如图 10-3，黑 1 打入白棋的阵势，接下来瞄着 A 位的托，令白棋头疼。

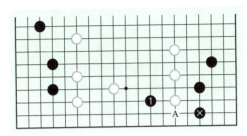

图 10-3

例 如图 10-4，凭借着右边白棋的厚味（详见 340 页），白 1 打入是有力的一手。接下来黑棋有 A、B、C、D 位四种常见应法。

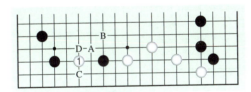

图 10-4

如图 10-5，以图 10-4 中 C 位为例，黑 2 托，至白 9，白棋掏掉了黑棋的空，达到了目的。

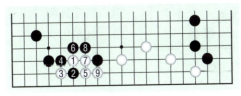

图 10-5

2. 侵消、侵分

【侵消】在对方的阵势上方下子，叫作侵消。常用的侵消手段有尖冲、镇、吊等。在第2章中，我们已经分别说明。

【侵分】在对方的阵势中下子，叫作侵分。与打入不同的是，其主要目的是减少对方的实地（打入有时包含一些攻击的目的），另外，侵分可以与对方棋子接触。常见的侵分有点三三、托角、二五侵分、二四侵分、三五侵分、三六侵分等。

【点三三】点三三是侵分星位的重要方式之一。

例　如图10-6，黑1点三三，破坏白角地。

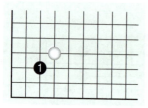

图10-6

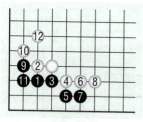

图10-7

如图10-7，黑1至白12是最为常见的星位点三三变化。白棋的角"姓了黑"，但白棋在外面有很可观的外势，双方互不吃亏。

对于星位的小飞角，点三三也能派上用场。

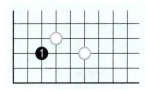

图10-8

例　如图10-8，黑1在小飞角中点三三。

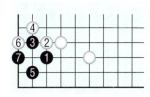

图10-9

如图10-9，白2挡，必然。以下至黑7，成为打劫活。这个劫对双方都有一定负担。

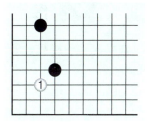

图10-10

例　如图10-10，白1在大飞角中点三三。

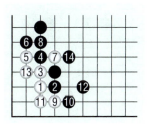

图10-11

如图10-11，接图10-10，黑2挡住，白3以下努力在黑角中做活，至黑14告一段落。黑棋外势雄壮，白棋先手掏掉黑角，也可以满意。

【托角】 星位由于位置较高，也可以采用托角侵分。

例 如图10-12，黑1托，也是常见的侵分手法。

如图10-13，黑1托，白棋如果想在边上和中腹发展，可以走2位外扳。黑3往角里长，占住角地。白4粘、6拆，白棋右边很舒展，并且有向中腹发展的空间。

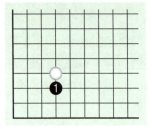
图10-12

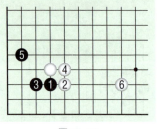
图10-13

如图10-14，白2从里面扳是重视实地的下法。至黑5，白棋得角，黑棋得边。

如图10-15，面对白棋从下面到左边的阵势，黑1托角，好棋。至黑7，黑棋作战成功。

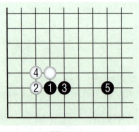
图10-14

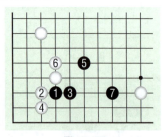
图10-15

【二五侵分】 在二五路侵分星位，叫作二五侵分。

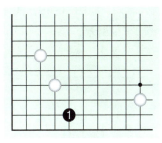

图 10-16

例　如图 10-16，黑 1 是典型的二五侵分。

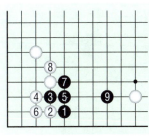

图 10-17

如图 10-17，接图 10-16，白 2 挡，黑 3 挖，至黑 9，在下边成功生根，黑棋可以满意。

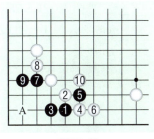

图 10-18

如图 10-18，白 2 尖也是常见的应法，至白 10，黑棋先手掏掉白棋角地，可以满意。不过之后黑角里还有 A 位点的余味，黑棋若不补，可形成双活。读者朋友们可自己动手摆一摆。

【二四侵分】 在二四路侵分星位，叫作二四侵分。

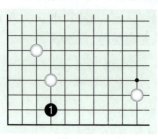

图 10-19

例　如图 10-19，黑 1 就是二四侵分。

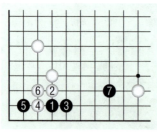

图 10-20

如图 10-20，面对黑棋侵分，白 2 顶，至黑 7，黑棋成功打散白空。

【三五侵分】 三五侵分是对大飞角的常用侵分手段。

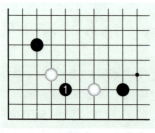

图 10-21

例　如图 10-21，白棋大飞角薄弱，黑 1 三五侵分，白棋难受。

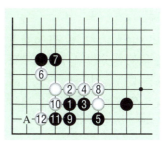

图 10-22

如图10-22，接图10-21，至白12，黑棋还留有A位夹的余味，可以满意。

【三六侵分】 三六侵分也是对大飞角的常用侵分手段。

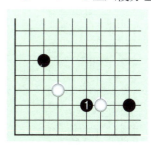

图 10-23

例 如图 10-23，白棋大飞角薄弱，黑1三六侵分。

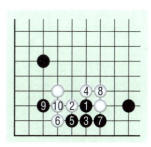

图 10-24

如图10-24，接图10-23，白2夹是最佳应对，至白10告一段落，将来黑棋还有拉回黑9一子的可能性，黑棋成功。

3. 分投

【分投】进入对方在棋盘边上的势力范围,并将对方的阵营一分为二,这种落子手段叫作分投。分投通常要选择左右都可以拆二的点,这样不易受到攻击。

例 如图 10-25,黑 1 就是分投的一个例子,黑棋有足够的空间可在 A 位或 B 位拆二安定下来。

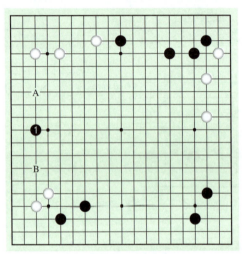

图 10-25

分投最重要的作用是防止对方持续不断地扩张模样。

例 如图 10-26,这是布局作战中经常出现的分投实例,白 1 在右边分投,意在将局面打散,不给黑棋留有在右边一带扩张的机会。

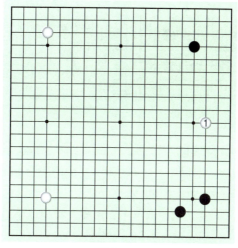

图 10-26

4. 围空

【空】围棋盘上的地盘,叫作空(kòng)。哪一方围住的地盘就是哪一方的空。

【围空】为了防止对方的侵入,加强自己的阵势,并使阵势逐渐化为己方空的着法,叫作围空,也叫围地。

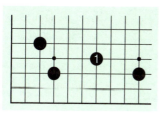

图 10-27

例 如图 10-27,黑 1 大飞围空,把下面的阵势转化为实空,很实惠。

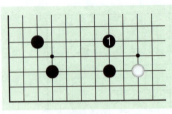

图 10-28

例 如图 10-28，黑1跳也是围空的常用手段。

5. 中盘攻防

【孤棋】对局中，一方在对方势力的威胁下尚未生根安定的棋子，叫作孤棋。

在己方有孤棋的情况下，不要一味地攻杀对方，要先确保己方的安定，否则反而易被反攻。

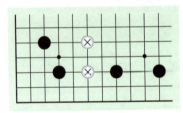

图 10-29

例 如图 10-29，白×二子即为孤棋。

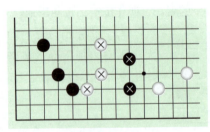

图 10-30

例 如图10-30，黑×二子和白×三子都是孤棋。

【治孤】巧妙利用对方的棋形缺陷和薄弱环节，将自己的孤棋进行妥善、高效的处理，或就地做活或逃出，这个过程就叫作治孤。

例　如图 10-31，白先，白 × 一块棋眼位不足，且面临黑棋的封锁，该怎样处理？

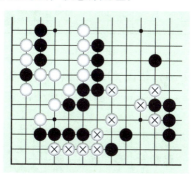

图 10-31

如图 10-32，白 1 点，好手，以下至白 7，白棋顺利做出眼位，治孤成功。

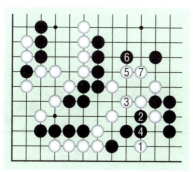

图 10-32

例 如图10-33，面对黑棋左右夹击，白1象步飞，是轻灵的治孤手段，值得学习。

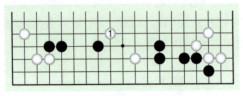

图10-33

如图10-34，接图10-33，黑棋若在2位穿断，则白3冲，舍弃一子，同时碰伤左边黑子，黑棋无趣。

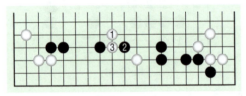

图10-34

如图10-35，白1跳，算不上治孤，只能算单纯的逃跑。黑2简单地跳，白棋很被动。

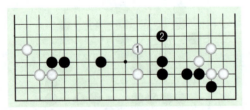

图10-35

攻勿靠 一方如盲目使用"靠"的手段攻击对方，使对方的孤棋有机会借力腾挪，反而容易安定。

【**大龙**】在棋局上尚未获得安定，可能受到对方攻击、逼迫、威胁的整块棋子（十几子以上），叫作大龙。

例　如图10-36，白×就是一条不折不扣的大龙。

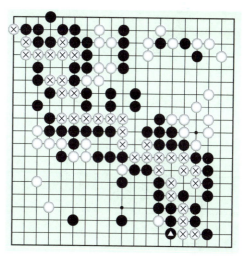

图10-36

【**定形**】在一定条件下，为了防止变化，把原先保留暂时不走的变化及时依次走干净，使棋形固定下来的一系列着法，叫作定形。

例　如图10-37，黑棋为了巩固外势，采用1跨、3断的手段，至白6，黑棋先手定形。

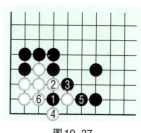

图10-37

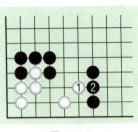

图10-38

如图10-38,如果图10-37黑棋不定形,那么白棋就会先手定形,黑棋的外势就没有那么完整,也不会再有图10-37中的定形机会了。

【生根】尚未安定的棋谋取根据地而成活形的着法,叫作生根,也叫作安根。在敌强我弱、出头无益的情况下,通常要选择生根。

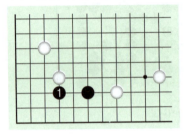

图10-39

例 如图10-39,黑1托角,寻求生根的机会。

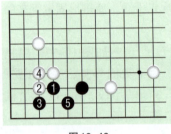

图10-40

如图10-40,黑棋一子陷入白棋势力范围。黑1托、3扳、5虎生根,已经初步具备了眼位。

【**搜根**】夺取对方根据地，使其不能就地成活，从而攻击获利的着法，叫作搜根。

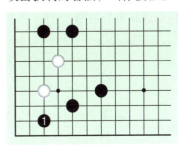

图 10-41

例 如图 10-41，黑 1 飞后白棋二子失去眼位，需要外逃，黑 1 搜根手段严厉。

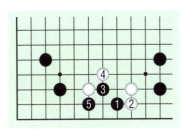

图 10-42

例 如图 10-42，白棋拆二很薄弱，黑 1、3、5 是常见的搜根手段，白地变成黑地，白棋没有眼位，还需要外逃。

【**腾挪**】在局部战斗中处于敌强我弱的情况下，采用轻巧而有弹性的下法，处理己方孤子的手段，叫作腾挪。

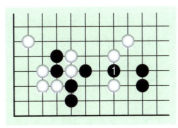

图 10-43

例 如图 10-43，黑棋被白棋分断，处于被动。这时黑 1 挖是腾挪的好手。

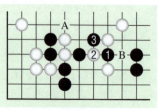

图 10-44

如图 10-44，白 2 打吃，黑 3 反打，若白 B 提，黑棋可以在 A 位打，白棋失败。

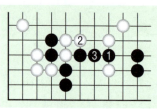

图 10-45

如图 10-45，面对黑 1 挖，白棋只好在 2 位应，黑 3 粘，作战成功。

总的来说，腾挪就是避开对方的锋芒，利用对方存在的小缺陷来处理己方受攻或陷于困境的棋。

【弃子】舍弃若干子（一二子甚至更多子），以换取外势或其他利益的着法，叫作弃子。有时候也指舍弃残子不顾，争先手投于他处。

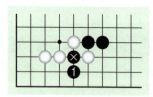

图 10-46

例　如图 10-46，黑 × 被打吃，无法救出。黑 1 立是好棋，拉开了弃子的序幕。

腾挪自靠始　在逆境中作战，如果选择腾挪，靠是常用且有效的行棋方法。

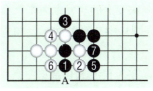

图10-47

如图10-47，白2挡，黑3打吃，黑5、7收紧白气，白棋还需要在A位后手提子，黑棋外势完整。

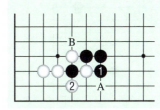

图10-48

如图10-48，黑1直接打是坏棋。白2提后，还留有A位的扳，同时黑B位的先手打吃也没有了。与图10-47简直是天壤之别。

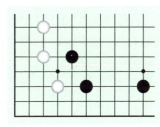

图10-49

例 如图10-49，黑先，这也是一个弃子的例子。黑棋的外势不够强大，怎样走能让己方更强大？

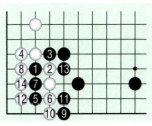

图10-50

如图10-50，黑1跨入白角，演变至白14，黑棋先手筑起了非常雄厚的外势，而白棋所得不多，黑棋成功。

【缠绕】 对对方两块以上尚未安定的棋发动攻击，令其左右为难，难以兼顾，已方则从中获利的战术，叫作缠绕。

例 如图10-51，黑棋可以在A位或B位逼迫白棋。

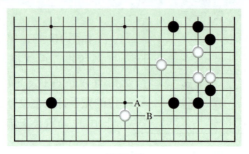

图10-51

例 如图10-52，白×一子孤单，若白3逼住黑×，黑棋可采用缠绕战术，进攻白棋。至黑14，白棋左右难以兼顾。

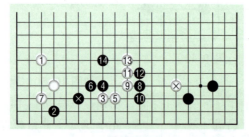

图10-52

精华已尽多堪弃　实战对攻中，已经失去价值的棋子，如果强行救出反而可能会损失更大，不妨考虑弃子。

6. 断的应用

之前我们已经介绍过断的概念，俗话说"棋从断处生"，中盘的战斗往往都是从断开始的，这里，我们将详细讲解各种断的实战应用。

【**断点**】一方有可能被对方切断的地方，叫作断点。

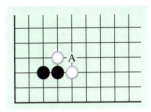

图 10-53

例　如图 10-53，A 位就是白棋的断点。

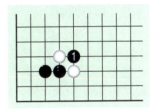

图 10-54

如图 10-54，黑 1 断，抓住了白棋的弱点，白棋被动。

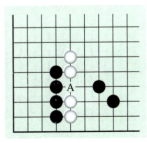

图 10-55

例　如图 10-55，A 位也是白棋断点，如果白棋不补，黑棋下在 A 位，就可以将白棋断掉。

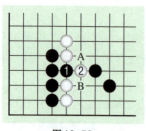

图 10-56

如图 10-56，黑 1 冲，白 2 挡，此时白棋有 A、B 位两个断点，黑棋可以根据周围的具体情况，选择其中一个断点断掉白棋。

【扭断】用扭十字的方式断开对方，叫作扭断。

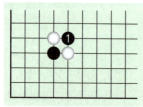

图 10-57

例　如图 10-57，黑 1 扭断，造成黑棋二子与白棋二子成为互相绞断的状态，一场战斗即将开始。

【挖断】用挖的手段，在对方两个棋子中间下棋，对方打吃，己方接上后，使对方产生两个断点，叫作挖断。

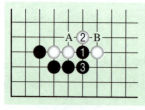

图 10-58

例　如图 10-58，黑 1 挖，白 2 打，黑 3 粘后，白棋在 A 位和 B 位出现了两个断点。

三路挖出先看征　打入时，与对方发生接触战，出现挖断时，要先看一下征子是否有利。

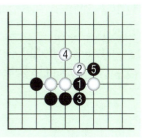

图 10-59

如图 10-59，白棋如在 4 位补，则黑 5 断，战斗明显对黑棋有利。

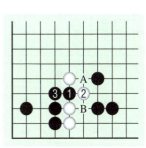

图 10-60

例 如图 10-60，由于有右边黑子的呼应，黑 1 挖，白 2 打吃时，黑 3 粘。此时，白棋多了 A 位和 B 位两个断点，没法兼顾，下边的二子实际已经被吃掉了。

【冲断】通过冲的形式断开对方，叫作冲断。

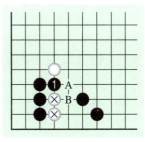

图 10-61

例 如图 10-61，黑 1 冲，白 A 则黑 B，白 × 二子已经被吃掉了。

例 如图 10-62，这是实战中常见的变化。黑 1 冲，白 2 挡时，黑 3 断。一场战斗已经不可避免！

如图 10-63，接图 10-62，白 4 如长，则黑 5 往中央长，下一手攻击白棋左边或下边，白棋已经不能兼顾，陷入苦战。

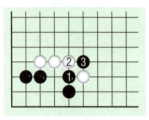

图 10-62　　　　　　　图 10-63

我们可以看出，冲断就是冲和断两手棋的结合。由于黑 1 冲本身就意味着如果白棋走 2 位，黑 3 断已经成为板上钉钉的事情，因此黑 1 也可以直接叫作冲断。

【尖断】用尖的手段刺向对方的薄弱处，使其产生两处断点没法兼顾，叫作尖断。尖断常和冲断并用。

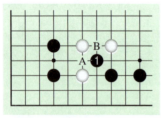

图 10-64

例 如图 10-64，这是实战中常见的形状。黑 1 尖，白棋在 A、B 位的薄弱处马上显露出来。

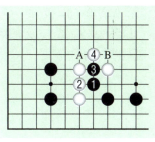

图 10-65

如图 10-65，白 2 粘，则黑 3 冲，白 4 挡后，白棋有 A 位和 B 位两个断点，黑棋可以根据情况来断。

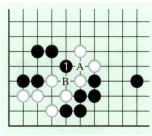

图 10-66

例　如图 10-66，黑 1 尖，白棋的角部已经没法和中间的白棋连在一起。白 A 则黑 B，白 B 则黑 A。由于角上没法做出两只眼，白棋角上已经死掉了。

【跨断】用跨的手段完成的分断，叫作跨断，跨段通常针对对方以小飞或大飞方式联络的棋形。

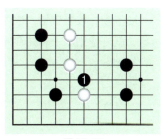

图 10-67

例　如图 10-67，白棋三子处于黑棋的夹击中，比较薄弱，黑 1 跨，白棋已经被断开了。

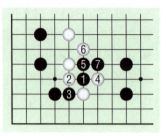

图10-68

如图10-68，接图10-67，白棋没法吃掉黑1，无法摆脱被断开的结局。

例 图10-69和图10-70都是跨断的例子，读者朋友们可以自行验证后面的变化。

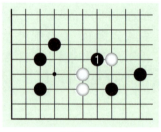

图10-69

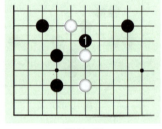

图10-70

【**勒断**】在对方棋子以小尖方式连接的要害处下子，造出断点以分断对方，叫作勒（lēi）断，按照棋形，也可以叫作挤断。这个名字非常形象，就好像用双手勒住对方脖子一样，让对方喘不过气，难受至极。

逢飞需跨　实战中碰到对方小飞的棋形，往往可以采用跨的手段来断对方，或整型，或争先。

例 如图 10-71，黑 1 就是勒断。白棋马上产生了 A、B 位两个断点。

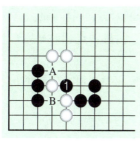

图 10-71

如图 10-72，白 2 打吃，试图清除黑 1 一子，但黑 3 粘后，白棋 A、B 位两个断点依然存在，白棋下边二子已经难逃被吃的命运。

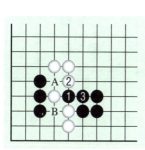

图 10-72

例 如图 10-73，黑 1 勒断后，白棋在 A、B 位的两个断点不能兼顾，白棋三子被吃。

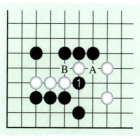

图 10-73

【靠断】 通过靠的手段来分断对方,叫作靠断。

例 如图10-74,黑1靠,白棋弱点顿时暴露,惨遭分断。

如图10-75,白2扳,反抗。黑3顶,白棋的形状四分五裂。

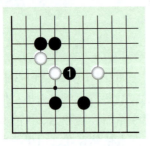

图10-74　　　　　　图10-75

靠断这个手段比较复杂,通常需要搭配其他手段,如扳、顶。图10-75就是搭配了顶的手段。

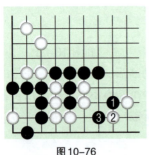

图10-76

例 如图10-76,黑1靠断,白2扳,黑3反扳是好手,白棋已经被断开。

切莫凑着(zhāo)帮围空　对方意图围空时,不要去冲它,否则正好帮助对方把实地围得更厚。

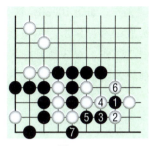

图 10-77

如图 10-77，至黑 7，黑棋成功地吃掉白棋四子，解救出角上的黑棋。

【顶断】利用顶的手段来分断对方，叫作顶断。

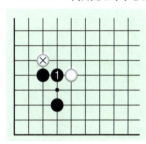

图 10-78

例 如图 10-78，面对白 × 搭，黑 1 顶，目的就是要分断白棋二子。

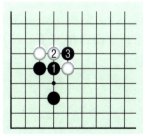

图 10-79

如图 10-79，白 2 挡住，黑 3 断，白棋被分断，双方混战。

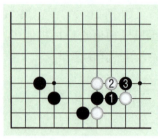

图 10-80

例　如图 10-80，这是实战中常见棋形。黑1顶，白2盖住，黑3断开白棋，混战开始了。

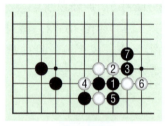

图 10-81

如图 10-81，至黑7，白棋还是被断开了。

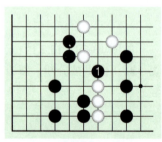

图 10-82

例　如图 10-82，黑1顶（因为白棋是小飞的形状，黑1也是跨），非常实用，下面白棋三子已经没救了。

切莫凑着帮补棋　对方棋形有缺陷时，如果没有明确的战术意图，就不要盲目进攻，否则反而会帮对方把漏洞补好。

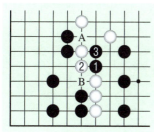

图 10-83

如图 10-83,白 2 试图连回,黑 3 贴,白棋 A、B 位两个断点没法兼顾。

【扳断】通过扳及其后续手段,断开对方的棋子,叫作扳断。

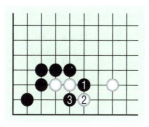

图 10-84

例 如图 10-84,黑 1 扳,好棋。白 2 如反扳,则黑 3 断,白棋二子已被吃。

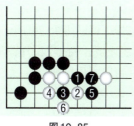

图 10-85

如图 10-85,白 4 以下如执迷不悟,至黑 7,白棋全部被吃。

例　如图 10-86，黑 1 扳，白 × 四子已经没法与右边连上。

如图 10-87，如白 2 反扳，则黑 3 挖，至黑 7，这些后续手段非常厉害，白棋难逃厄运。

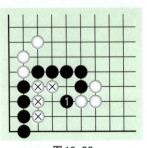

图 10-86

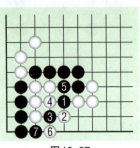

图 10-87

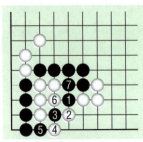

图 10-88

如图 10-88，白 4 如从下边打吃，黑 5 断打，至黑 7，白棋接不归。

例　如图 10-89，黑先，怎样下可以切断白棋四子？

如图 10-90，黑 1 扳、黑 3 连扳，白棋四子已经没法与右边连上。因此，黑 1、3 可以叫作扳断。

形势判断　在行棋的过程中，对双方所围地盘的目数做估算，并以此来决定之后行棋的策略。

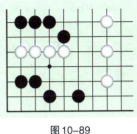
图10-89

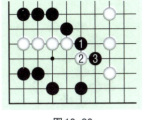
图10-90

【打断】利用打吃的手段来切断对方，叫作打断。它与断打这个概念还是有一些区别的，打断是强调断，断打则侧重于打，读者朋友们要仔细体会。

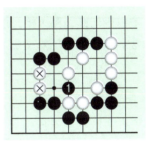
图10-91

例　如图10-91，黑1打，白×二子已经被断开。

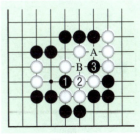
图10-92

如图10-92，白2如接上，则黑3再打吃，白棋A、B两位不能兼顾，白棋不行。

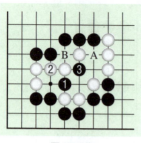

图10-93

如图10-93,白2如在另一边接上,则黑3挤,白棋仍然有A、B位两个断点没法连回。

【补断】采用某些着法,以避免棋子被对方切断叫作补断,也叫作护断。常用的着法有虎、接、飞等。

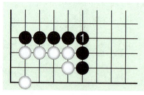

图10-94

例 如图10-94,为防止被白棋切断,黑1接,是非常干净的补断方法。

如图10-95,黑1飞也是很干净的补断方法。白2即使来断,也会被黑棋吃掉。

如图10-96,对于白棋在右侧有子的情况,黑1用虎来补断也是好手。

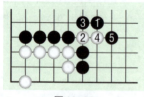

图10-95

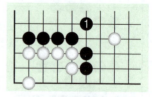

图10-96

第11章 官子

收官是一盘棋的收尾阶段，它由不同大小的官子组成。不要小看官子，要知道，很多名局的胜负都在1目甚至半目之间。

如果你在中盘阶段吃了亏，没关系，用好官子手段，把形势一举扳回来！

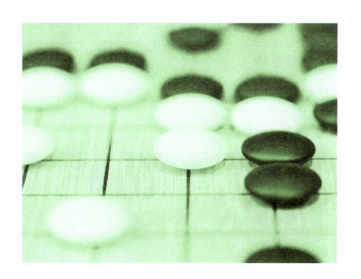

【官子】【收官】 在一局棋的最后阶段，双方互相争夺的局部地域，叫作官子。争夺官子的过程，叫作收官。

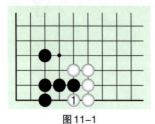

图11-1

例　如图11-1，白1冲，破掉黑棋的一点空。

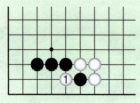

图11-2

例　如图11-2，白棋断掉黑棋一子，获利不小。

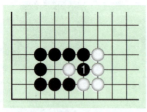

图11-3

例　如图11-3，黑1吃掉白棋一子，获得了利益。

1. 官子分类

【先手官子】走一手棋占取官子，并且可以争得先手，就叫作先手官子。

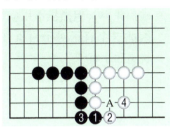

图11-4

例 如图11-4，黑1就是先手官子，白棋要在4位或A位补棋。其中，白4虎，有利于眼位，但为黑棋留下了A位的劫材，在实战中可酌情选择。

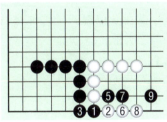

图11-5（④脱先）

如图11-5，如果白4脱先，则黑5断打，至黑9，白棋三子已经无法逃脱，被吃掉了。

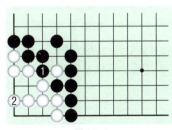

图11-6

例 如图11-6，黑1断吃是先手，虽然所得实利不大，但是白角没活净，如白棋不应，黑棋走到2位，可以杀死白棋，因此白棋必须要补，黑1是先手官子。

【后手官子】 走一手棋占取官子，但却落了后手，叫作后手官子。

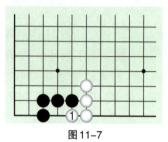

图 11-7

例　如图 11-7，白 1 破黑棋空，但黑棋不用应，因此这个官子对于白棋来说是后手官子。

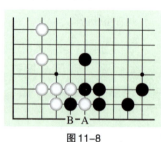

图 11-8

例　如图 11-8，无论黑棋在 A 位提一子或是白棋在 B 位提一子，都是后手官子。

【双方先手官子】 如果一个官子，双方占取的时候都可以获得先手，就叫作双方先手官子，简称双先官子或双先。

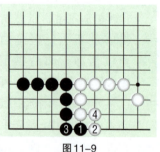

图 11-9

例　如图 11-9，黑 1、3 扳粘后，白棋必须在 4 位粘，因此，黑棋是先手官子。

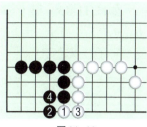

图 11-10

如图 11-10，白 1、3 扳粘后，黑棋也必须在 4 位粘。对于白棋也是先手官子。因此，这个官子就是双先官子。

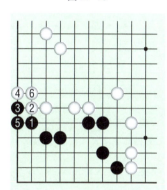

图 11-11

例 如图 11-11，黑 1 尖、3 扳、5 粘是先手官子；白棋在 1 位尖也是先手官子。因此，这个官子是双先官子。

【双方后手官子】如果一个官子，双方占取的时候都要落后手，则叫作双方后手官子，简称双后官子。

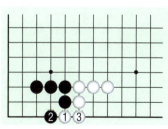

图 11-12

例 如图 11-12，白 1、3 扳粘是后手官子。

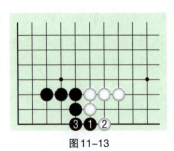

图 11-13

如图 11-13，黑 1、3 扳粘也是后手官子。因此，这个官子是双后官子。

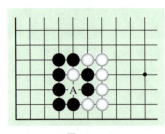

图 11-14

例　如图 11-14，无论是黑棋或白棋在 A 位落子都是后手官子。因此，A 位的官子是双后官子。

【单方先手官子】【逆收官子】一方下是先手官子，而另一方下则是后手官子，对前者来说是单方先手官子，简称单先官子，对后者来说就是逆收官子。

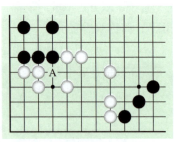

图 11-15

例　如图 11-15，A 位的官子，对于黑白双方来说，是什么官子？

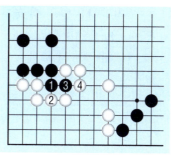

图 11-16

如图 11-16，黑 1、3 连续冲，白 2、4 必须挡住，对于黑棋来说是先手官子。

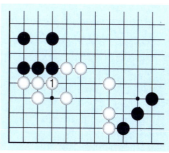

图 11-17

如图 11-17，如果白先，白 1 挡是后手官子。因此，这个官子对于黑棋来说，是单先官子，对于白棋来说，是逆收官子。

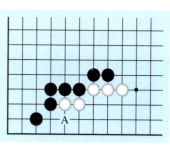

图 11-18

例 如图 11-18，A 位的官子，对于黑白双方来说，是什么官子？

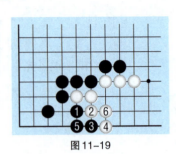

图11-19

如图11-19,黑先,黑1、3、5先手扳粘,白2、4、6需要后手防御。

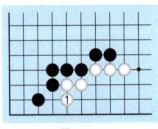

图11-20

如图11-20,白1立下是后手官子。因此,这个官子对黑棋来说是单先官子,对白棋来说是逆收官子。

2. 官子大小

【**大官子**】目数较大的官子,叫作大官子。一般来说,大官子的价值在6目以上。

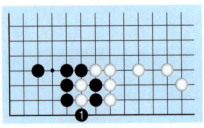

图11-21

例 如图11-21,黑1提白棋二子,看上去就很大。它的价值到底有多少呢?

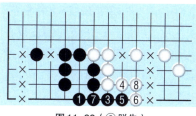

图11-22（②脱先）

如图11-22,黑1提之后,就出现了黑3以下的后续官子。至白8为止,×印内的黑空多达11目,而白空只有2目。

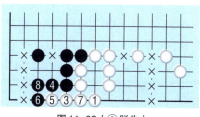

图11-23（②脱先）

如图11-23,同理,白先的最后结果是黑空2目,白空11目。与图11-22相比,白空多了9目,黑空少了

9目。那么这个官子的价值就是9目+9目=18目。

我们注意到,黑棋的后续官子对于黑棋来说是先手,白棋的后续官子对于白棋来说是先手。收官时,如果一方持有先手,它可以把所有属于自己的双先官子、单先官子都走掉后,再走后手官子,这是先手方的权力。

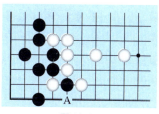

图11-24

例 如图11-24,A位的官子价值有多大?

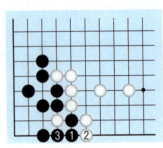

图 11-25

如图 11-25,黑 1 立,后手救出一子,与白棋在 1 位提相比较,这个官子有后手 8 目的价值。

【小官子】价值较小的官子,叫作小官子。一般来说,3 目及以下的官子是小官子。

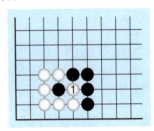

图 11-26

例 如图 11-26,白 1 提掉黑棋一子,价值 2 目。

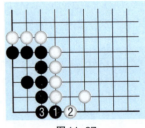

图 11-27

例 如图 11-27,黑 1、3 扳粘,破掉对方 1 目,如被白棋在 3 位扳,则自己将少 1 目,因此,这个官子的价值是 2 目。

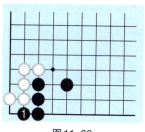

图 11-28

例 如图 11-28,黑 1 拐,破掉白棋 1 目,自己的目数没有改变,因此,这个官子的价值只有 1 目。

【单官】占不到目,只是用棋子占据棋盘上的一个交叉点,这样的官子叫作单官。

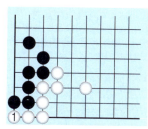

图 11-29

例 如图 11-29,白 1 是一步单官。

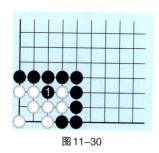

图 11-30

例 如图 11-30,黑 1 也是一步单官。

下面我们用几个例子来讲解一下实战官子的大小。

例 如图 11-31，这是实战中经常出现的棋形。黑 1 点，至黑 5 形成双活。黑棋本身没有目，白棋也同样没有目。那么黑 1 这个官子价值如何呢？

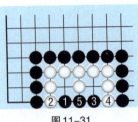
图 11-31

如图 11-32，如白先，白 1、3 做活后，白棋有 4 目实空。因此，白 1 和上图黑 1 的价值是后手 4 目。

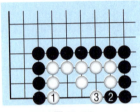
图 11-32

例 如图 11-33，黑 1 立的价值是多少呢？黑棋有 A 位和 C 位两个后续官子。白棋只能在 B、D 位挡住。

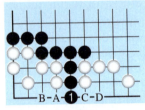
图 11-33

如图 11-34，如白先，白 1 挡住，比图 11-33 多了 4 目实空，因此白 1 和上图黑 1 的价值是后手 4 目。

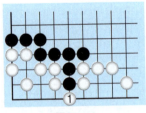
图 11-34

例 如图 11-35，白空下面漏风，黑棋有官子机会。

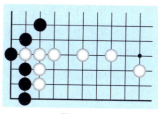

图 11-35

如图 11-36，黑 1 冲，白 2 只好跳，黑 3 托，白 4、6 只好后手防御。我们在前文讲过，如白 2 在 5 位挡，则黑棋有在 A 位、2 位打吃，再在 B 位吃掉

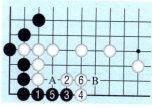

图 11-36

白棋的手段。这个变化中白空少了 7 目，因此，对于黑棋来说这是先手 7 目的大官子。

例 如图 11-37，黑 1 渡过，看似不大，其实也有后手 7 目的价值。如果黑棋不走，白棋在 A、B 两位的扳都是先手。

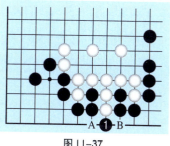

图 11-37

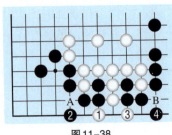

图11-38

如图11-38，白1、3扳是先手，黑棋通常应在2、4位，白棋在此处就没有其他官子手段了，但在A、B位留有劫材。黑棋也可直接在A、B位接，但白棋后续还有向左右爬的官子。

我们在收官时，要先收双先官子、单先官子，再收后手官子，同时要考虑每个官子的大小，先收大官子，后收小官子，这样才能在收官的时候，获得尽可能多的利益。

3. 其他

【**收后**】某一方占据了棋盘上的最后一个单官，我们称这一方收后。

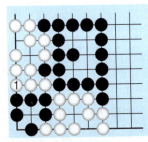

图11-39

例 如图11-39，这是棋盘的一个局部，白1占据了最后一个单官，我们说白棋收后。

打单不打双 收官时，如盘面有打劫的地方，在所剩单官数量为单数时，不粘劫抢单官，这样有机会粘劫收后。如果单官数量为双，既是不抢占劫，双方也可以一人一手收官到最后。

【**粘劫收后**】某一方在棋盘上还有一个单官和一个单劫的时候,不粘劫而选择抢最后一个单官,由于对方劫材不利,不得不停一手让其粘劫,占单官的一方又占了粘劫,等于白占了对手的一个单官,则称这一方粘劫收后。

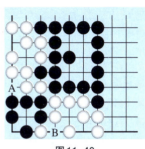

图 11-40

例　如图 11-40,白先。此时,棋盘上还有 A 位的一个单官和白 B 位处的粘劫。

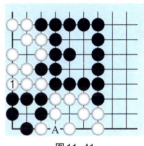

图 11-41

如图 11-41,白 1 抢占单官,黑棋在 A 位提,但棋盘上黑棋劫材不利,最终白棋打赢这个劫,黑棋只得放弃一手,由白棋粘在 A 位。

粘劫本身的价值很小,但是在双方相差细微的局面下,如果能够抢到粘劫收后,获胜的概率会大大增加。

【**对应官子**】在棋盘上同时存在价值相等的官子(一般是双后官子),双方占哪一个都无关大局,叫作对应官子。

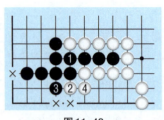

图 11-42

例 如图 11-42，黑 1 连回三子，价值 6 目，不小，但白 2、4 扳粘价值也是 6 目，这两个官子就是对应官子。收官后，×位内白棋 7 目，黑棋 6 目。

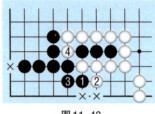

图 11-43

如图 11-43，黑棋先收官子，被白 4 提，结果是×位内黑棋 9 目，白棋 10 目，双方的目数差刚好是白棋提黑棋三子的目数。

【后续官子】一方走完了某个官子（有可能是后手）后，还可能有接下来的官子手段，继续获利，这些后续的官子手段就叫作后续官子。

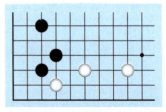

图 11-44

例 如图 11-44，这是星位小飞挂后的常见定式。黑白双方都有很惊人的官子和后续官子。一出一入，总价值不小于吃掉一小块棋。

求投场 对局时，发现自己无论怎么下都难挽败局时，索性卖个破绽，送掉大龙，然后大败。高手对局时，经常会遇到这样的情况。

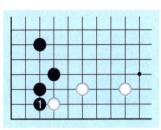

图 11-45

如图 11-45，黑 1 挡，不仅保住角地，接下来还有后续手段。

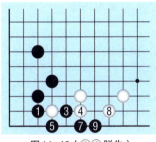

图 11-46（②⑥脱先）

如图 11-46，白 2 脱先，黑 3 夹，黑 5 抱吃掉白棋一子。如白 6 继续脱先，黑 7 扳，白棋无法挡住，只好在 8 位跳。黑 9 长，白棋实地几乎为零。而黑棋却有十几目。后续官子的威力是很大的。

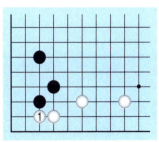

图 11-47

如图 11-47，反过来，如果白先，则白 1 爬也是很大的官子。

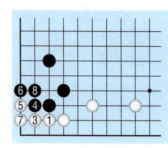

图11-48（❷脱先）

如图11-48，若黑2置之不理，则白3继续向里长是显而易见的后续官子。下一步如被白棋在8位跳，黑棋的眼位都吃紧了。于是黑4挡。白棋先手扳粘后至黑8告一段落。对比一下就知道，白棋角上和边上多了很多实空，而黑棋的实空大大压缩。

由此可见，像这样包含后续官子的大官子是绝对不可忽视的。

第12章 高级术语

不客气地说,围棋是一项最难的智力运动,想要下好围棋,不单要学会它的基本着法,更要有自己的行棋感觉。本章的高级术语,主要讲的就是行棋的感觉。如果能深刻理解本章的内容,说明你的围棋水平已经有了较大的飞跃。

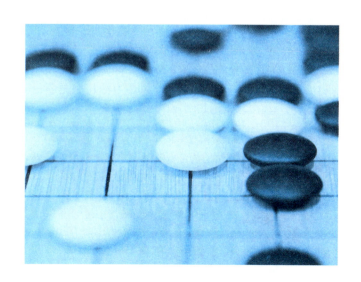

1. 先与后

【先手】一方在某处下子时，对方必然要在此处跟着应一手，叫作先手。

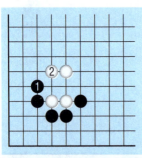

例 如图 12-1，黑 1 长，白 2 必然要应，黑 1 就是先手。

图 12-1

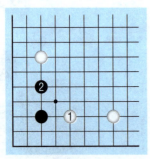

例 如图 12-2，白 1 拆逼，黑 2 为活棋只好拆一。白 1 就是先手。

图 12-2

宁失几子不失先 从全局的角度着眼，宁可丢掉几个棋子，也不能失去先手。

【后手】 与先手相对应,一方下一手棋后,对方不需要立即就应,叫作后手。

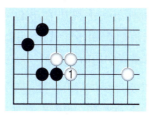

例 如图12-3,白1拐,对黑棋无影响,因此是后手。

图12-3

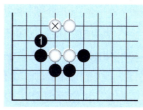

例 如图12-4,当白×有子时,黑1长是后手。

图12-4

【先中后】 下一着棋,能迫使对方不得不应,但是对方应后,己方不但没有后续手段,反而出现一定缺陷需要补棋,这样的下法称为先中后。

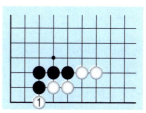

例 如图12-5,白1扳,看似先手收官。

图12-5

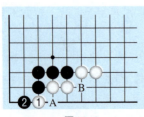

图 12-6

如图 12-6，黑 2 挡后，白棋气紧，不能在 A 位粘，否则下一手黑棋在 B 位可吃掉白棋四子。其中，白 1 就是先中后的坏棋。

【后中先】与先中后相反，下一着棋，表面上暂时落了后手，但留有后续手段，称为后中先。

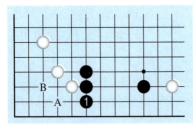

图 12-7

例 如图 12-7，黑 1 立，使己方拆三更加坚实。虽是后手，但白棋角部则留有 A、B 位等侵分手段，是后中先的下法。

【脱先】棋局中，一方对于对方的着法，本应给予应对或不急于应对，争得先手走在别处，叫作脱先。

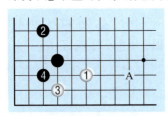

图 12-8（⑤脱先）

例 如图 12-8，白 1 以下是常见的星位定式。通常白 5 应该在 A 位一带开拆安定，但本图中白棋出于其他考虑走了别处。

不好走处不走棋 在局部棋形不好处理时，可以先放着不动，等待周围棋子配置条件成熟了再出动。

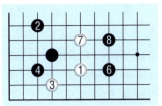

图12-9（⑤脱先）

如图12-9，由于白5脱先，黑6夹，攻击白棋二子，白7只好逃出，黑8跳，继续攻击，获得一定的实惠。

由此可见，脱先在局部难免遭到损失，必须从全局统一着眼，才能判断某手棋是否应该脱先。

2. 棋形

【好形】对于一块棋来说，凡是子与子之间配合紧密、协调一致、子力发挥充分、形状舒展的棋形，就叫作好形。

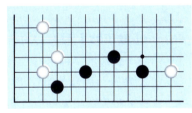

图12-10

例 如图12-10，黑棋四子在下边构成一个"小堡垒"，效率很高，是好形。

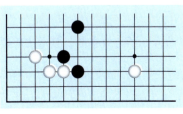

图12-11

例 如图12-11，三个黑子虽很单薄，但白棋也不能将其切断，一时也没有强攻的手段。黑棋显得很轻灵。

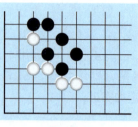

图 12-12

例　如图 12-12，黑棋六子很坚实，白棋不敢靠近，这样的子力发挥得很充分，而且非常坚实，这个棋形也属于好形。

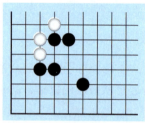

图 12-13

例　如图 12-13，黑棋五子在角上的实地很大，还有向右边和中腹发展的机会，因此是好形。

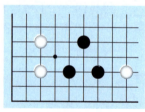

图 12-14

【猴子脸】如图 12-14，由三子构成的一种棋形，因状如猴脸，被称为猴子脸。这样的棋形联络紧密，且利于向中腹发展，是好形。

【恶形】相对于好形而言，子力效率低、凝重或碎裂的棋形，叫作恶形。

疑问手　不够妥当而值得推敲的一着棋叫作疑问手。多数指不明显的失误，"恶手""错着"有程度上的差别。

【愚形】恶形的一种。子力凝重的棋形,称为愚形或凝形。

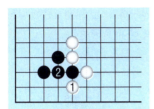

图 12-15

例 如图 12-15,白 1 打吃,黑 2 粘,成为愚形。

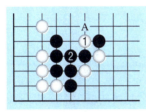

图 12-16

例 如图 12-16,白 1 打吃,黑 2 粘是坏棋,使自己形成了愚形。黑 2 正确的下法是在 A 位反打。

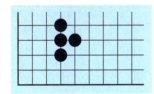

图 12-17

例 图 12-17~图 12-19 是几种常见的愚形。

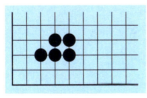

图 12-18

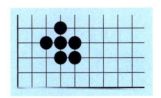

图 12-19

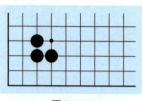

图12-20

【愚形三角】如图12-20，由弯三组成的棋形，叫作愚形三角，也叫空三角，是最常见的愚形之一。

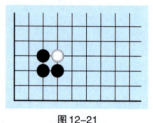

图12-21

如图12-21，由于"空三角"的地方有了一个白子，因此，本图中黑棋不是愚形。

【裂形】己方的棋被对方"拦腰斩断"的形状，叫作裂形，裂形往往是对方攻击的目标。

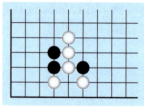

图12-22

例 如图12-22，黑棋二子被白棋分断，成为裂形。

【重复形】围地时，子力密集，效力发挥很不充分的棋形也是一种恶形，叫作重复形。

无理手 指看起来不符合常理的落子。通常是比较勉强的下法，看似强悍，事实上却不成立或经不起推敲。

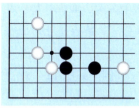

图 12-23

例 如图 12-23，黑棋立二拆一是重复形。

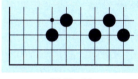

图 12-24

例 如图 12-24，黑棋用五个子围了一小块地，子力过于密集，效率很低，是重复形。

3. 价值

每下一手棋，都有它自身的潜在价值，有些价值是可以用目数来计算的，有些则偏重于潜在目数和形势，还有一些则是关系攻防关系的要点。

【实地】一方比较确定的领地，叫作实地，也叫作实空。实地是实实在在的价值，围棋是以哪一方占有更多的实地来判断胜负的。

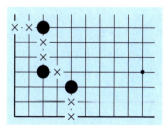

图 12-25

例 如图 12-25，×印内可以看作是黑棋的实地，我们说，黑棋角上有 18 目的实地。

【外势】 由外围棋子所组成的阵线，叫作外势，如果这道外势较厚，也可以叫作厚势。其特点是能形成一定的势力范围。

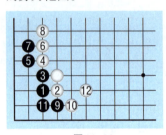

图 12-26

例 如图 12-26，黑 1 点三三，进行至 12 是常见定式之一，白棋在外围构成外势。

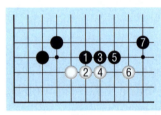

图 12-27

例 如图 12-27，黑 1 飞压，黑 3、5 长，黑 7 飞，在外围形成雄厚的外势。

外势是潜在的价值，在时机成熟的时候，可以转变为实地。

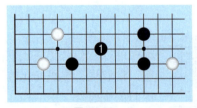

图 12-28

例 如图 12-28，黑棋在下边有一定的外势，黑 1 飞，基本把下边变成了实地。

在下定式时，实地通常和外势是相对的，或双方各得一边的实地和外势，或一方得实地，另一方得外势。

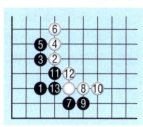

图 12-29

例 如图 12-29，黑 1 以下是目外定式，形成黑棋得实地，白棋得外势的局面。

【棋筋】对棋形死活、双方胜负至关重要的一颗或数颗棋子，叫作棋筋。棋筋本身具有价值，并且可以左右局部、甚至全局攻防变化，因此价值很大。

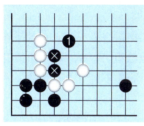

图 12-30

例 如图 12-30，黑 × 二子至关重要，一旦被白棋吃掉，白棋活棋无忧，形势立刻转变。黑 1 逃出二子，白棋变成两块孤棋，非常被动。因此，黑 × 二子价值很大。

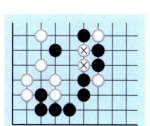

图 12-31

例 如图 12-31，白 × 二子也是棋筋，价值很大。如果被黑棋吃掉，则黑棋三处棋连在一起，不但目数很大，而且外势雄厚。

【硬腿】对局一方的势力一直延伸到一路（特指一路下立），叫作硬腿，也叫作一路硬腿。

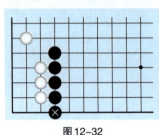

例 如图12-32，黑×一子使外势一直延伸到一路，对右边的变化影响很大。

图12-32

4. 行棋的感觉

【试应手】在棋盘某处（通常是对方的势力范围）投下一子，根据对方的应手来决定自己接下来的策略，叫作试应手。这是一种比较高级的着法。

例 如图12-33，白1在黑阵中托一手，是很常见的试应手着法。黑棋常见的应法有A、B、C、D位。若黑棋应在A位，白棋可以暂时脱先不理，今后有在C位活角的手段。

如图12-34，若黑2应在C位，则白3扳起，至白7，白棋轻松活出。黑2若应在B位或D位，白棋也有不同的对策，在此就不详细讲了。

【交换】指一方先试探性走一手，等对方应一手，再决定此后的行动。交换与试应手很相似，但交换主要目的是局部定形，试应手的目的主要是试探对方。

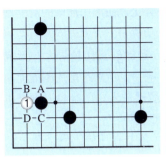

图 12-33

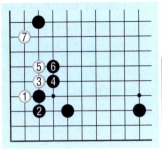

图 12-34

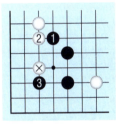

图 12-35

例 如图 12-35，黑 1 和白 2 先交换一下，黑 3 再托，此时，白 × 子仍然很弱，但黑 1 已经占到了便宜，如果黑棋先在 3 位托，则不会再有机会走到 1 位。

【余味】一方的空里还有对方可走棋的余地（如破空、做活等），叫作余味。

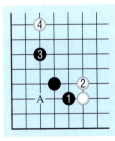

图 12-36

例 如图 12-36，面对白棋小飞挂，黑 1 尖顶，白 2 立，黑 3 飞，看上去基本守住了角地。但被白 4 拦过来后，白棋 A 位点掏掉黑棋角地的手段变得非常明显，这时我们就可以说，黑角里有被白棋 A 位点的余味。

【厚味】 棋盘上一方的外势比较强大而形成的对附近区域的影响力，叫作厚味。

例　如图 12-37，黑棋左边的外势比较强大，形成的厚味对 × 印内有很强的影响力，虽然这里还不能说就是黑棋的实地，但白棋如果贸然进入，就容易受到黑棋的攻击；黑棋也容易在这一带成空。

例　如图 12-38，黑棋在角上有外势，借助角上的厚味，黑 1 打入，对白棋左边较为薄弱的拆三加以进攻，从中获得利益。

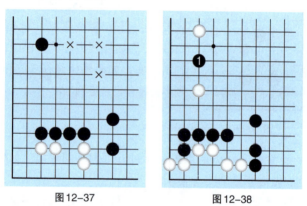

图 12-37　　　　图 12-38

【气紧】 一方没有完全成活的棋子气很少的情况，叫作气紧。

鬼手　鬼手是日本的围棋术语，指常理无法想到的，凶狠、巧妙的冷着。

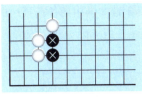

图 12-39

例　如图 12-39，黑 × 二子就面临着气紧的情况。

注意：一块棋没有完全成为活棋时，气紧将是它非常大的弱点。因此行棋时，一定要尽量避免己方的棋子形成气紧的局面。

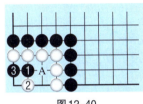

图 12-40

例　如图 12-40，角上板六就是气紧的典型。黑 1、3 后，白棋因为气紧，不能下在 A 位，白棋被杀。

【气合】指对局者凭着气势，坚持强劲的着法。

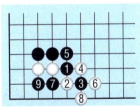

图 12-41

例　如图 12-41，黑 1、3 扳，白 4 断至白 8 提，对于白棋来说就是一种气合的下法，白 4 如果委屈地粘在 7 位并在角上原地做活，黑棋将非常满意。

【见合】局面上有两处、四处、六处（或更多的偶数处）价值大致相当或相近，对局双方各占其半的棋，叫作见合。

例 如图 12-42，黑 1、白 2 是大小相当各占其一的大场，若黑 1 改走 2 位，白 2 即可占 1 位。我们说黑 1、白 2 见合。

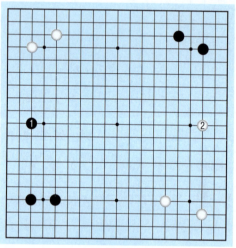

图 12-42

【本手】掌握一般分寸的合理之着，叫作本手。

例 如图 12-43，黑 1 飞可以称为本手。

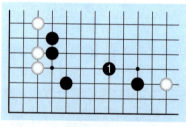

图 12-43

赢棋不"闹事" 如果己方处于优势，就不要贪心再去攻击对方。要稳扎稳打的把自己的棋走强、走好，不要出问题。

【胜负手】形势不容乐观的一方下出非此不足以扭转局面的关键之着，或关键时刻下出的非常手段，叫作胜负手。胜负手一般具有强烈争胜负的意识。

例　如图12-44，这是日本围棋史上最经典、最著名的"耳赤之局"，对弈者是桑原秀策（后来的本因坊秀策）和幻庵因硕。在黑棋127手之前，白棋的形势始终好于黑棋，但秀策的127手一出，幻庵的耳朵立即变红了。一位并不精通棋道的郎中以此断定黑棋会胜，因为耳赤是人体惊急之下的一种自然反应。而棋局的结果，果然是黑棋胜出。其中，黑127即为胜负手。

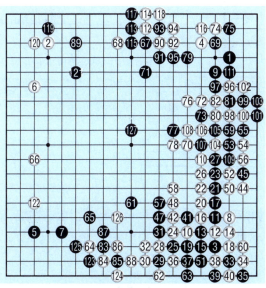

图12-44　（㊸㊾=㉝　46=㊵）

【败着】 对局过程中下出的严重错着,叫作败着。败着往往造成局面恶化进而导致输棋。

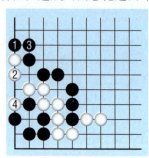

例 如图12-45,棋局已到终局,双方形势接近。黑1败着,被白2、4将黑角做成劫活,导致输棋。

图12-45

【残子】 棋局上虽尚未被歼但已受到严重损伤的棋子,叫作残子。

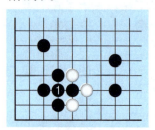

例 如图12-46,黑1粘后,白棋三子成为受严重损伤的残子。

图12-46

【俗手】 看上去与正常下法所差无几,但实际上是错着,这种不高明的下法叫作俗手。俗手的特点是,它看上去有利于己方,其实对对方更加有利。

输棋要"闹事" 局势不好时,要仔细寻找对方的薄弱之处,猛烈进攻。

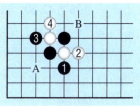

图 12-47

例 如图 12-47，黑 1、3 两打看似痛快，但之后黑棋不得不在 A 位补断，白棋则很愉快地在 B 位枷吃黑棋一子，将上下两块棋连在一起。因此，黑 1、3 是俗手。

【废着】一步棋对取势、占地或攻击、防御等方面都不起作用或者作用极小，这着棋叫作废着。

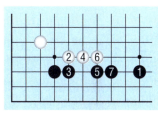

图 12-48

例 如图 12-48，黑 1 拆，恶手，被白 2 至白 6 压迫过来后，黑 1 效用很低，成为废着。

【妙手】构思精巧的着法，叫作妙手。通常，手筋都可以看作是妙手。

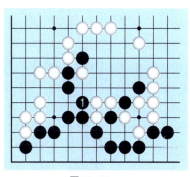

图 12-49

例 如图 12-49，黑 1 贴，妙手，白棋中腹的空，已经不保。

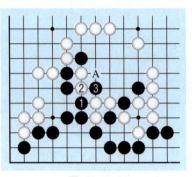

图12-50

如图12-50,白2如挡,黑3双打或在A位打吃,白棋不行。

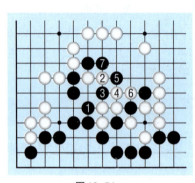

图12-51

如图12-51,白2退,黑3挖,至黑7,白棋仍然被吃。如白2走在3位,则黑棋在2位打吃,白棋接不归。

第13章 常见围棋谚语

这或许是本书中最有哲理的部分,因为本章精选的每一条围棋谚语,都是代代棋人智慧的结晶。这些谚语朗朗上口,代表的棋理很好记哦!

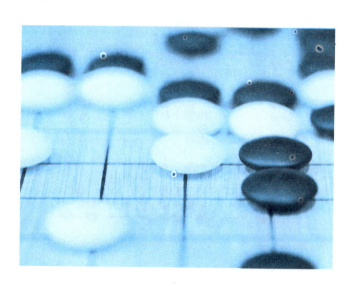

1. 行棋的效率及价值

【金角银边草肚皮】由于有边线的存在,无论是做活还是围空,在角上行棋的效率都是最高的,其次是边,最后是中腹。

例 如图 13-1,这是常见的两眼活棋棋形,可以看出,在角上活棋,最少需要六子,而在中腹活棋,则至少需要十子。

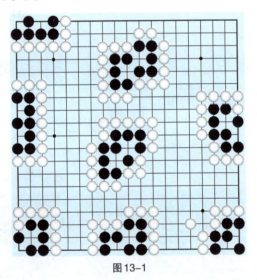

图 13-1

例 如图 13-2，即便不计断点和死活，想要围住同样目数的空，中腹花费的手数，要比边角多上许多。

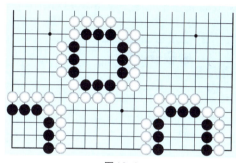

图 13-2

【七子沿边活也输】意思是说，在一般情况下为了活棋在二路上爬得过多，子力价值低，即使做活也会导致局势的落后。

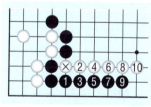

图 13-3

例 如图 13-3，白 × 断后，黑 1 以下不舍二子，在二线爬了多手，造成形势落后。

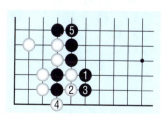

图 13-4

如图 13-4，黑棋正确的下法是黑 1、3 打吃，弃掉二子，黑 5 粘，黑棋外势不错。

349

【勿压四线，不爬二线】勿压四线指的是不要让对方轻松地在四线成空，不爬二线的意思则类似于"七子沿边活也输"，都是指不要过多地在低位行棋。

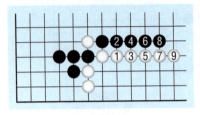

例 如图 13-5，白 1 退后，黑 2 至黑 8 一路压过去，让白棋轻松在四线成空，黑棋并不便宜。

图 13-5

【漏风不围空】指当外势不够严实，对方有可乘之机时，就不要利用这道外势来围空。

例 如图 13-6，黑 1 犯了"漏风不围空"的忌讳。白 2 跳，黑棋围空的计划落空。

如图 13-7，黑 1 利用厚势向右边开拆，方向正确。

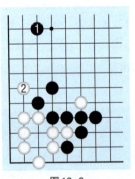 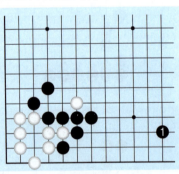

图 13-6　　　　　图 13-7

边攻击，边围空　通过攻击对方来达到围取实地的目的。

【中央开花30目】指在布局或中盘阶段，在棋盘中央一带提取一子的价值是很大的，其获得的厚势往往能够取得全局的战略主动，对棋局的进行以及最后的胜负具有深远的影响力。

【开花】一方（通常仅用四子）在棋盘开阔地带提取对方一子，其形状如一朵花，叫作开花，也叫作拔花。一般而言，提子越早，提子的位置越靠近中腹，威力就越大。

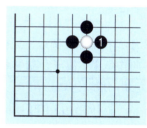

图13-8

例　如图13-8，黑1提白棋一子，中央开花，威力很大。

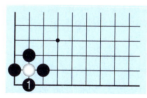

图13-9

例　如图13-9，黑1在角上提白棋一子，对棋局影响不大，不能叫作开花。

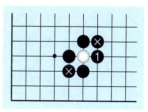

图13-10

例　如图13-10，黑1提白棋一子，虽然也很大很厚，但由于有黑×二子，棋子效率大打折扣，因此也不能叫作开花。

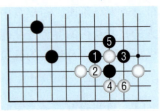

图 13-11

例 如图 13-11，这是常见变化。黑 5 提一子后对中腹发展影响巨大，可以用"中央开花 30 目"来形容。

【龟甲 50 目】提掉对方二子形成的龟甲，威力比开花更大，因此有"龟甲 50 目"的说法。

【龟甲】一方（通常仅用六子）在棋盘开阔地带提掉对方二子后形成的特定棋形，叫作龟甲。提子位置常位于中腹，棋形非常厚实，如同龟甲一般。

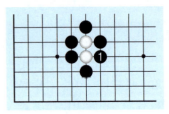

图 13-12

例 如图 13-12，黑 1 提取二子，形成龟甲。

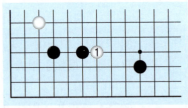

图 13-13

例 如图 13-13，这是定式后的常见下法，白 1 碰，意图侵分黑角，黑棋该怎样下？

两番收腹成犹小　尽量不要用两块厚棋围中腹的空地，效率很低。

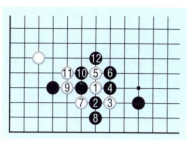

图 13-14

如图 13-14，白 1 侵分黑地，以下从白 7 开始白棋步步走错。黑 12 提成龟甲，威力巨大，而白棋所获不多。

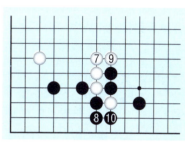

图 13-15

如图 13-15，白 7 长，至黑 10，双方可以接受。

【挂从宽处来】意思是布局时宽处为大，挂角一般从棋盘宽广之处着手。

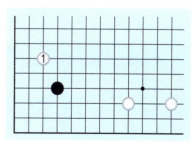

图 13-16

例 如图 13-16，白 1 从棋盘宽处的左侧挂，方向正确。

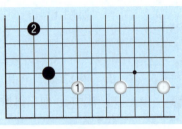

图 13-17

如图 13-17，白 1 从下边有子的一侧挂，黑 2 大飞应，白棋无趣。

2. 实战攻防

【二子头必扳】 在双方短兵相接的作战中，为了使己方立于不败之地，对待对方被自己仅紧紧贴住气的二子头应该毫不犹豫地扳住，获取主动。

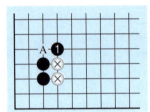

图 13-18

例 如图 13-18，黑 1 扳白 × 的二子头，白棋被动。如黑棋不走，被白棋在 A 位扳，则白棋也扳了黑棋的二子头，白棋主动。

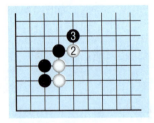

图 13-19

如图 13-19，白 2 若反抗，则黑 3 扳，白棋难以应对。

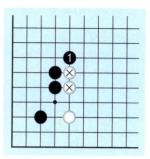

图 13-20

例 如图 13-20，白 × 也属于二子头，黑 1 扳白棋二子头，有力。

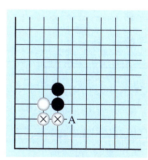

图 13-21

例 如图 13-21，由于白 × 二子并没有被黑棋紧紧贴住气，没有弱点，因此，黑棋在 A 位扳并不是什么好棋。

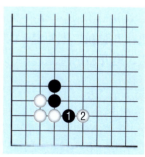

图 13-22

如图 13-22，黑 1 扳，白 2 夹，黑棋并不好应对。

例 如图 13-23，这是一个实战应用例子。黑 1 先退，好棋，白 2 不能借黑棋的弱子整形，黑 3、5 连扳是常用手段，黑 7 跳起恰到好处，黑棋四手连贯的着法完全道出了"二子头必扳"的精髓。

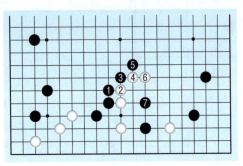

图 13-23

"二子头必扳"固然是好的，但更多的时候，我们都尽量不要将自己的棋走成二子头凑对方扳住。

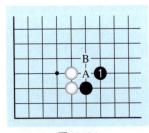

图 13-24

例 如图 13-24，黑棋与其走 A 位成二子头被白棋在 B 位扳，不如走 1 位小尖，避开白棋锋芒。

天王山是必争地 双方形势消长的要点，往往是决定棋局胜负的关键所在，一定要争夺。

【压强不压弱】即当对方夹击己方的棋子时，一般情况下应该压靠对方比较强的一块棋，以期望攻击对方比较弱的一块棋。

例 如图 13-25，黑棋星位一子被白棋夹击，黑棋有 A、B 位两种压法。

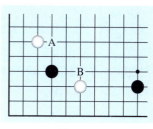

图 13-25

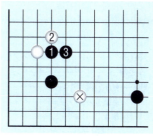

图 13-26

如图 13-26，黑 1 压白棋左边一子（强子）是正确的。白 2 扳，黑 3 长，白 × 一子（弱子）就会显得更弱小，容易被黑棋攻击。

【棋拐一头大如牛】这条谚语说明拐这个手段的威力，尤其在棋盘的中央，拐头可以把自己的棋走厚，同时压迫对手，获取战局的主动，因此也有"拐头值千金"的说法。像这种落子之后，双方势力此消彼长极其明显之处，也叫作天王山。

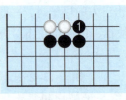

图 13-27

例 如图 13-27，黑 1 拐，立刻在局部获得了主动。

【左右同形走中间】当双方或某一方左右的形状一样时，往往中间的对称点就是棋形的要点，也就是双方该走的要点，也叫作两边同形走中间。

例 如图 13-28，这是双飞燕定式之后的变化，黑棋星位一子被白棋罩住，此时黑 1 走对称点是最佳着法。

如图 13-29，至黑 15，黑棋活棋。

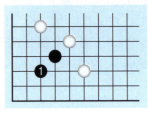

图 13-28

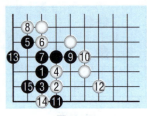

图 13-29

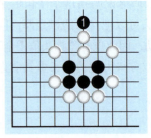

图 13-30

例 如图 13-30，这是著名的钓金龟（又叫作钓鱼）变化。黑棋看似被白棋封了起来，且气很紧。黑 1 左右同形走中间，妙手！白棋已经没法吃住黑棋五子。

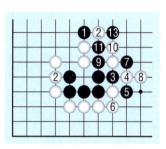

图 13-31

如图 13-31，至黑 13，黑棋成功逃出。

【敌之要点即我之要点】通常来说，棋局中对方最想走的一手棋，往往也是己方应该下的一手棋。

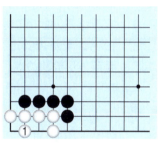

图 13-32

例 如图 13-32，这是个最简单的例子，白 1 做眼，是做活的要点。

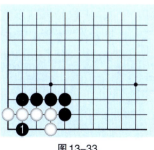

图 13-33

如图 13-33，黑 1 点，这一点也同时是黑棋杀棋的要点。

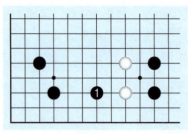

图 13-34

例 如图 13-34，黑 1 是搜根和攻击的要点。

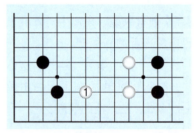

图 13-35

如图 13-35，白 1 是生根和防御的要点。这两个点虽然不完全相同，但意思是相同的，从宏观上来说，此时白棋二子是否安定，是双方形势的关键。

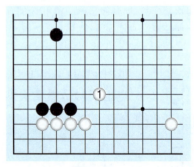

图 13-36

例 如图 13-36，白 1 飞，好点。黑棋如果飞到这里也很大。1 位是黑白双方势力范围此消彼长的要点。

【逢方必点】点方是常用的进攻手段,可以用来破坏对方的棋形,因此有"逢方必点"的说法。同时,它也符合"敌之要点即我之要点"的说法。

例 如图 13-37,黑 1 点方,白棋十分被动。

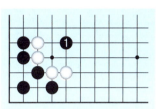

图 13-37

【棋逢难处用小尖】尖是一种步调较慢但坚实的着法,由于没有什么破绽,因此一般不会成为恶手,因此有"棋逢难处用小尖"的说法。

例 如图 13-38,面对白棋双飞燕,黑 1 尖,至黑 5,黑棋可下。

例 如图 13-39,黑棋一子薄弱,左右都有白棋的子力,向中腹出头时,步子太大容易被白棋断开或加以利用。黑 1 尖是常见的定式下法。

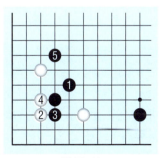

图 13-38

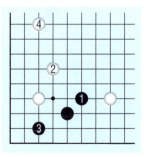

图 13-39

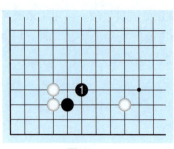

图13-40

例 如图13-40，黑1尖是一步出头的好手。

【棋长一尺，无眼自活】也常被说为"大块不死"。意思是一块棋出头越高、规模越大，做眼成活的机会也就越多，没必要过分担心它的死活。

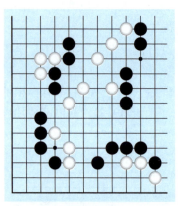

图13-41

例 如图13-41，白棋的大龙很容易找出眼位成活。

【急场先于大场】所谓急场，是指效力不一定是全盘最大，但攸关生死或使攻防形势急转直下不得不走的地方。在棋局中，急场的优先级要高于大场。

例 如图13-42，棋盘很空旷，左边、右边还有很多大场。但黑1搜白棋三子的根是急场，一举取得主动。

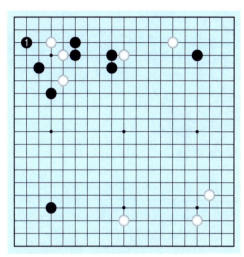

图13-42

第14章 名局精解

在前面的章节中,我们讲述了围棋的各个局部下法,现在就让我们随着高手们的精彩对局,来看看这些局部下法是怎样成为一整盘棋的吧!

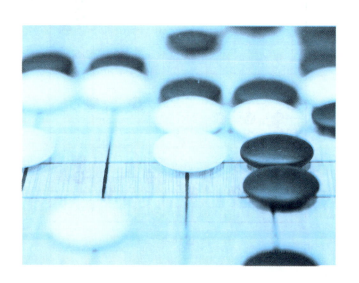

第一局

第13届LG杯 古力（黑）VS 元晟溱（白）

黑棋贴6目半

第1谱（图14-1，1~50手）

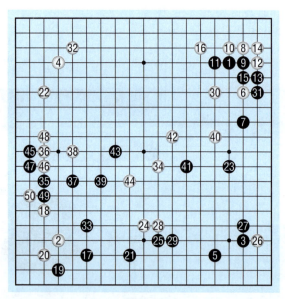

图14-1

打谱 按照高手下出的棋谱，把棋子在棋盘上按顺序再摆一遍，细细研究。以此用来学习高手的着法，提高棋艺。

① 黑1、3、5走成星－无忧角布局，十分平稳。

② 白6挂，以下形成常见的星位一间夹点角定式，白棋获得角上实地，黑棋获得外势，与无忧角配合不错，双方都可以满意。

③ 黑17挂角，至黑21，形成最普通的星定式。

④ 白22小飞守角取实地，黑23经营右边模样，双方平稳。

⑤ 白24吊，侵消黑棋势力。这一手如果走在左边，如图14-2，白1在左边拆，黑2大飞或在这一带其他地方围空，黑棋大模样变得更完美了，白棋不满。

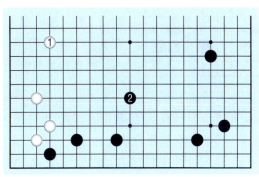

图14-2

⑥ 黑25应时，白26托角试探应手是绝好的时机。黑27退，不得已，给白棋在角上留下了三三活棋的手段，被便宜了。

⑦ 黑27如按图14-3、图14-4的着法应对，结果都不太满意。

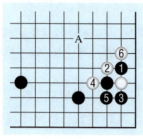

图 14-3

如图 14-3，黑 1 如外扳，则白 2 断，白 4、6 两打，连续便宜，之后在 A 位一带飞，形状富有弹性，黑棋不满。

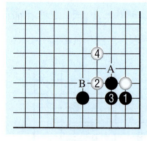

图 14-4

如图 14-4，黑 1 若内扳，则白 2 夹是好手，黑 3 为防止白棋冲下只好粘，被白 4 轻灵地一跳，今后有 A 位、B 位等各种借用，黑棋明显被便宜了。

⑧ 白 28 压后转在 30 位跳出，和黑 31 交换，已经基本达到了压制黑棋模样的目的。

⑨ 白 32 尖守角虽然很大，但被黑 33 跳分断白棋二子后，白棋有些被动，只好在白 34 漫无目的地跳出。白 32 不如继续压制黑棋。

《围棋十诀》 相传为唐代王积薪所作，一为不得贪胜，二为入界宜缓，三为攻彼顾我，四为弃子争先，五为舍小救大，六为逢危须弃，七为慎勿轻速，八为动须相应，九为彼强自保，十为势孤取和。

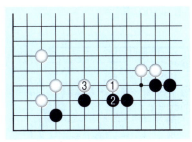

图14-5

如图14-5，白1、3两压，将黑棋封在里面，左边模样很广阔。

⑩ 黑35紧逼住，紧凑。

⑪ 白36、38不甘示弱，但被黑39跳后，中央白棋三子和右上白棋二子都很薄，左下角也需要补一手。

⑫ 白40、42、44连跳带飞，总算是把几个白子松松散散地连在了一起，但还是薄弱不堪。

⑬ 黑45借着白棋角上的味道骚扰白空。白46顶、48退，不让黑棋爬到角上的大官子。白50是苦肉计，防止黑棋扳进来。

第2谱（图14-6，51~100手）

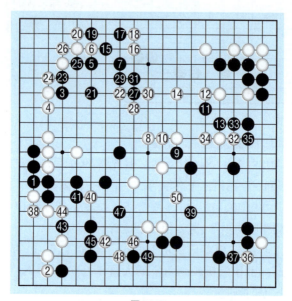

图14-6

⑭ 白2总算走到了大官子。

⑮ 黑3、5、7借着中腹的引征，巧妙地先手压缩了白棋模样。白8只好补强。

不得贪胜　《围棋十诀》之首，是围棋行棋艺术的总纲领。越是对胜利存有贪念，就越得不到胜利。

入界宜缓　打入对方阵势要徐徐图之，不求一击而制胜。

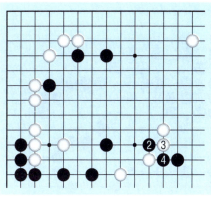

如图14-7，白1若脱先不补，被黑2、4跨断，白棋苦不堪言。

图14-7（①脱先）

⑯ 黑11、13两手以攻为守，缓解了白棋在右边靠下的手段，之后转向黑15虎，黑棋形状富有弹性。

⑰ 尽管白16以下竭力进攻，但黑棋利用19、23、25、27几手借用，至黑31，已经基本具备了活形，白棋进攻落空，黑棋优势。由此可见黑3的妙处。

⑱ 白38粘，黑39封住中央，这两手棋都很大。

⑲ 白42刺试探应手，黑43多此一举，不如直接在45位粘。黑47飞，黑棋基本活出。

第3谱（图14-8，101~150手）

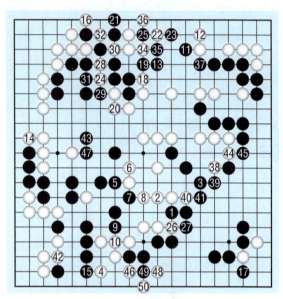

图14-8 (㉝ = ㉘)

⑳ 黑11靠是常见的手筋，黑13飞后，白棋上边成空的潜力被破坏。

㉑ 白14拐和黑15挡都不小，且关系到黑棋的眼位。

㉒ 白16打吃试黑棋应手，但黑17全然不顾，转而杀掉白棋右下角。

㉓ 白18以下对黑棋进行冲击，但至黑37后手连回，上边全成了白空。黑棋被剥掉一层皮，但总算有惊无险。

㉔ 白38以下拼命收官，白42团搜刮黑棋，逼迫黑43、47两手单关连回，白48跳入黑空很大，但由于前面双方差距太大，白棋已经没有什么翻盘机会了。

第4谱（图14-9，151~252手）

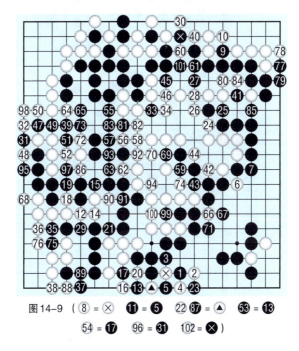

图14-9（⑧=✕　⓫=❺　㉒㊼=▲　㊺=⓭　㊾=⓱　㊏=㉛　⑩⓶=✕）

本局共252手，按照韩国的规则，黑棋2目半胜。

如图 14-10，我们以这局棋的终盘棋谱为例，来进行胜负计算。

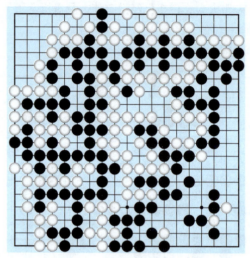

图 14-10

如图 14-11，首先，双方应当把没有下完的交叉点（×位）一人一手棋轮流下完。并将棋盘上的死棋（标有△的棋子）从棋盘上拿掉。

如图 14-12，就是棋盘上最终的结果。

攻彼顾我　攻击对方时，首先要考虑自身的安危与发展，要考虑全局的配合。

弃子争先　"宁失数子不失先"。实战中，可以主动弃掉一些棋子来换取先手，从而获得全局的胜利。

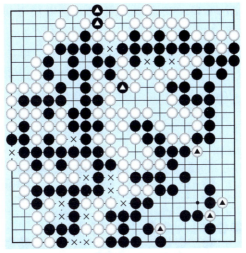

图 14-11

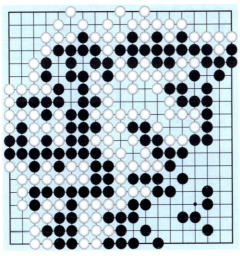

图 14-12

如图 14-13，在正规比赛中，应当数黑棋的子。我们先将黑棋的空，围成以 10 计的整数块，不足 10 的可以通过拿掉或移动黑棋棋子的方式来完成，这个过程叫作做棋。图中黑棋围住的交叉点有 80 个（10+10+10+20+30）。

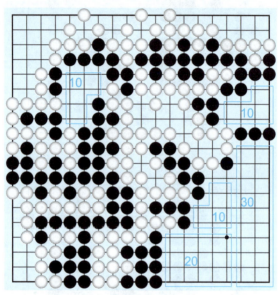

图 14-13

如图 14-14，再将棋盘上剩余的黑子，以 10 计点出总数。图中黑棋有 105 子。

那么，黑棋的总数就是 80+105=185，则按照中国的数子规则，黑棋胜 $\frac{3}{4}$ 子。

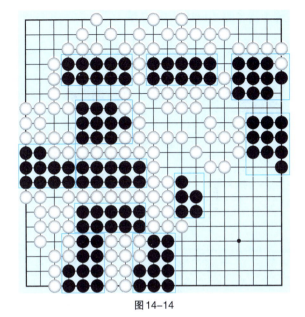

图14-14

第二局

第2届韩国OllehKT杯 李世石(黑)VS李昌镐(白)

黑棋贴6目半

第1谱（图14-15，1~50手）

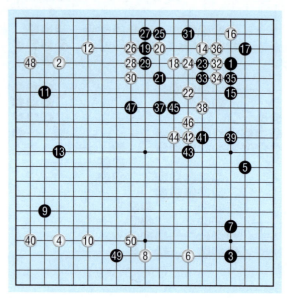

图14-15

① 序盘阶段，黑棋占据左右边，白棋占据上下边。黑19开始破坏上边的白棋势力。

② 20尖顶时，黑21飞是常见的腾挪手段。

③ 白22飞时，黑23、25又打算继续占便宜，白棋不堪忍受反击，26夹。

舍小就大　对局时，每一步棋的大小都需要进行判断，舍弃价值小的棋，选择价值大的棋。

逢危须弃　在形势不利时，己方的一些棋子如难以逃脱，或者如果逃跑，会给己方带来更大的损失，就要果断放弃。

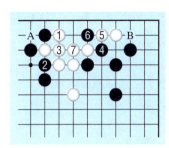

图 14-16

如图 14-16，白 26 若在图中 1 位挡，则黑 2、4、6 连续先手便宜，今后如被黑棋走到了 A、B 两点，白棋眼位都不够。

④ 至白 30，白棋局部便宜，但黑 31 跳，也在搜白棋的根。

⑤ 白 32 打吃，黑棋现在可以连通，但会被白棋打穿右边，有点损。

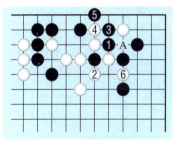

图 14-17

如图 14-17，谱中黑 33 若在 1 位打吃，可以与左边通连，但至白 6，白棋可以凭借 A 位的双打吃打穿右边黑空，黑棋不满。

⑥ 黑 33 长、35 接，先巩固右边的空。黑 37 跳后，白棋也没有完全活透，双方在上边各有一块孤棋。

⑦ 白 38 先吃净二子保证一个眼位。

⑧ 黑 39 厚实地守住边空。白 40 跳下也是盘上最大之处。

⑨ 黑41凭借右边的厚实先攻白棋。黑43、45很舒服。白46被迫愚形连接。

⑩ 白48继续抢占实空。右上白棋虽然委屈,但并不太怕黑棋进攻,毕竟还有在右上角活棋的余地。

⑪ 黑49看到了双方实空的差距,先在下面动手了。

第2谱（图14-18,51~100手）

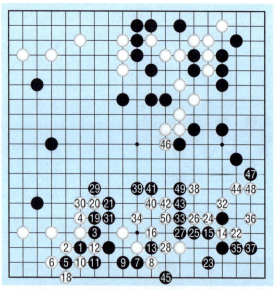

图14-18 （⑰ = ❶）

⑫ 第1谱中黑49打入至本谱黑11成打劫,这是常用的破空手段。打入下边的结果,局部来说是打破了白棋实地,但是相应地,黑棋左边也变薄了。

⑬ 黑 13 寻劫时，白 14 是妙手。白 16 打后，黑棋已经没法长出了。

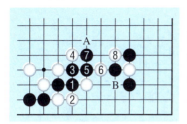

如图 14-19，黑棋若 1 位长出，白 2 以下征吃，至白 8 打吃，A 位打吃、B 位提必得其一，黑棋不行。

图 14-19

⑭ 白 22 长很大，如果被黑棋提干净，那么右下角一带就太厚了。

⑮ 白 24 是苦肉计，如意算盘。如图 14-20，黑 1 打吃，白 2 长，留下余味，黑 3 粘，白 4 提。黑 5 杀死白棋，必然，白 6 断，吃净下边，黑 7 补强，白 8 趁势在左边冲击黑棋薄弱之处，白棋不错。

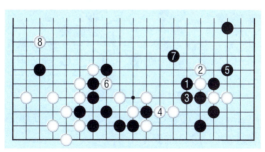

图 14-20

⑯ 黑 25 单长不上当。至黑 31 救出了下边大块。

⑰ 黑 33 拐，白棋下边和右边都需要做活。

⑱ 至白 50，白棋下边和右边都安定了。由于白棋右下角活出，把黑棋右边空打散，黑棋实地不容乐观，但黑棋目前还有先手的优势。

第 3 谱（图 14-21，101~150 手）

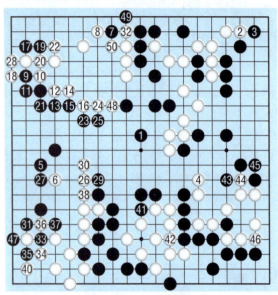

图 14-21 （㊳ = ㉝）

⑲ 至白 4，白棋右上方大块要么与右下方通连，要么在上边做活，总之也安定下来了。

⑳ 黑 5、7、9 以下抓紧时间抢占实地，同时侵蚀白棋左上方的实地。

㉑ 白 12、14 必不可少。

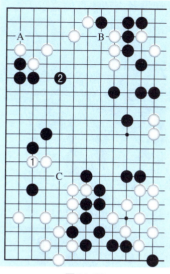

图 14-22

如图 14-22，谱中白 12 若在左边白 1 贪吃一子，则黑 2 跳起，下一步瞄着 A 位夹和 B 位长出切断白棋三子的手段，白棋左上角出现了不稳定因素。同时由于有黑棋 C 位穿象眼的手段，白棋吃左边一子并没那么大。

㉒ 白 22 补，厚实。

㉓ 白 26 还是没有吃黑棋一子，黑 27 连回极大。

㉔ 白 28 加补，去掉了左上角的味道。

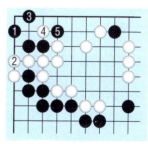

图 14-23

如图 14-23，谱中白 28 若不补，黑棋有在 5 位做活的手段，白 2 若走 4 位，黑棋可在 2 位抛劫。

㉕ 黑31尖顶很大，是初学者应该注意的官子手段。

㉖ 至白50，黑棋的实空追上来不少。

第4谱（图14-24，151~200手）

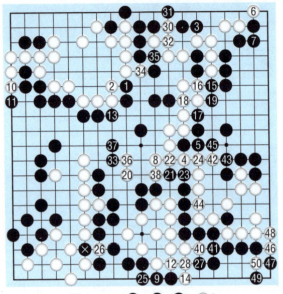

图14-24 （㉙ = ⊗　㊴ = ㉖）

㉗ 黑3搜根，追使白4单关连回，也很大。白6是白棋的权力。

㉘ 黑15至19封住右边，又追回了一些实空。

㉙ 白26开劫，盼望能让黑棋单关连上，但黑棋顽强地打劫。

㉚ 白38不知为何不提劫，让黑39消劫了，这一轮

黑棋又占了便宜。

㉛ 黑45封住右边空后，黑棋反而占据了优势。

㉜ 白46、48扳粘是先手官子。

第5谱（图14-25，201~268手）

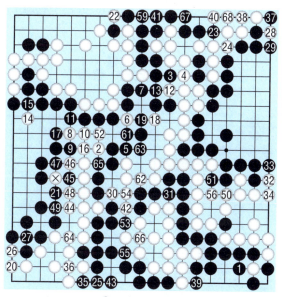

图14-25 （❺❼ = ⓧ 58 = ㉘ 60 = ❸❼）

㉝ 黑1提后，棋盘上只剩小官子。

㉞ 白6断、8飞是手筋。至黑17，盘面基本定形。黑棋半目优势不可动摇。下到这里，我们可以简单地做一个形势判断。

如图14-26。双方以 × 位定形计算，每1个提子和死子按2目计，提子后填上按1目计。黑棋右下角6目，右上28目，中间和下边6目，左边24目，盘面一共64目。白棋左上33目，右边连上边11目，下边4目，左下8目，共45目。盘面9目左右的差距，也就是贴目1目半的差距，虽然该白棋走，但在专业棋手对局中的小官子阶段，这个差距是很难追的。

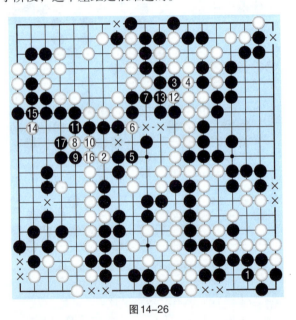

图14-26

最终，黑棋半目胜。

第三局

第6届春兰杯 谢赫(黑)VS李世石(白)

黑棋贴6目半

第1谱(如图14-27,1~50手)

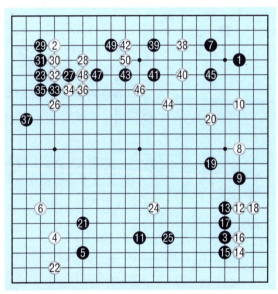

图14-27

① 黑5先挂后返回7位守无忧角,既保证了实地,又兼顾了速度。

② 白8分投,打散黑棋右边,至黑19属于正常着

法。白20稳健。

③白22跳,重视实地,同时瞄着下边的打入。但23挂时,白24吊意图不明,被黑25防一手,下边打入的手段没有了。

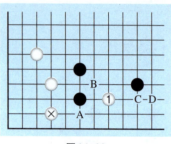

图14-28

如图14-28,白1打入是常见的破空手段,值得学习。由于有了白×子的接应,白棋下一步可以在A位托过,轻松破空;若黑棋在B阻渡并防止白棋出头,白棋还有C、D位等蹂躏黑空的手段。

④白34简明。若在35位断,将形成战斗,白棋也无不可。

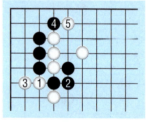

图14-29

如图14-29,白1从下方打,3立,黑棋大概只能在4位活角。白棋可战。

慎勿轻速 对局时要重视对手,小心谨慎,不要盲目行棋,要通过缜密的计算,来确定行棋策略。

动须相应 下棋时要有全局观念,在局部行棋要考虑到全局的配合。

⑤ 实战中被白棋抢到38位拆逼，白棋也不错。黑39打入很有气势。白40跳必然。以下至白46，激战开始。

第2谱（图14-30，51~100手）

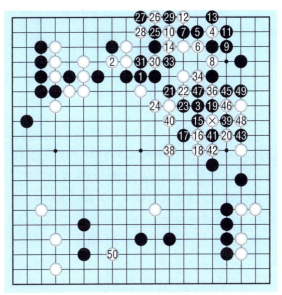

图14-30 （㉜㊲=㉖ ㉟=㉙ ㊹=⊗）

⑥ 黑1、白2必然。黑3可考虑图14-31的走法。

如图14-31，黑1双，等白2补后，黑3可以挖断白子，与右边连通。黑3挖是值得学习的手筋。若白2补右边，则可黑A长、白B，黑2渡过生根。

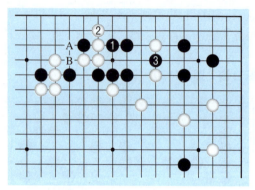

图14-31

⑦ 黑5以下用强，至白14，黑棋自己上边几个子反而受伤，得不偿失。所以黑5还应于9位退冷静。

⑧ 白16过于冒险，至黑25，白棋反被困住，不得不通过白26以下做劫继续战斗。实战白棋劫材不利，黑37消劫，白棋已经吃亏了。

⑨ 之后白38强行封吃黑棋，明显计算失误，被黑39打吃，白棋束手无策，只得弃子。至黑49，黑棋吃掉白棋八子后，右上角已经有40多目，局势遥遥领先，白棋不得不放出胜负手，在50打入。这时可以看出第1谱中白24和黑25交换，白棋是帮黑棋把下边走结实了。

彼强自保　在对方势力强的地方行棋，要学会自保，要忍耐。

势孤取和　在对方势力较强、己方势力薄弱处行棋，需要隐忍，以求自保，这个一点和"彼强自保"其实是有些类似的，只是取"和"的手法可以多种多样。

第3谱（图14-32，101~150手）

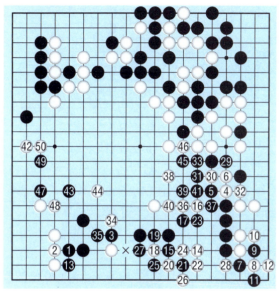

图14-32

⑩ 黑1借着右边的厚势试白棋应手，好次序。白2只好粘住，黑3盖住，白棋打入的计划落空。若没有第1谱中白24和黑25交换，白棋肯定不会在2位粘，而会在右边冲击黑棋。如图14-33，白1打入，黑2并时，白3在右边冲击黑棋，占得主动。

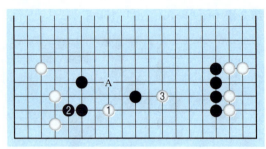

图14-33

⑪ 白棋只好转向4、6吃掉右边一子。

⑫ 黑7至黑11的手段值得初学者学习。黑13有点贪,如果在×位控制住白棋一子,则几乎已经赢下来了。白14打入,黑棋下边味道不好。

⑬ 白16大跳是关联的好手,黑棋由于下面太薄而动弹不得。

⑭ 白18好手筋!瞄着19位冲出和20位的扳过,黑棋难办。

⑮ 至28,白棋获利丰厚,形势已经接近了不少,但黑棋依然有很明显的优势,而棋盘上的机会已经不多了。

⑯ 白34至白40下得很积极,先手把黑棋封在里面。

⑰ 白42飞是非常规手段。

⑱ 黑43好棋,一边瞄着破左边白空,一边削减白棋右边的势力。

第4谱（图14-34，151~200手）

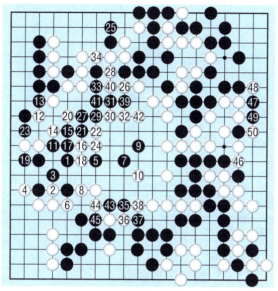

图14-34

⑲ 黑7有些冒险，此时直接做活就可以简单获胜。

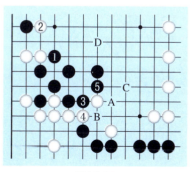

图14-35

如图14-35，黑1、3、5做眼，眼形相当丰富。之后黑A打，白B粘，黑C虎，瞄着下面连回或者在D位一带做眼，做活不成问题。

⑳ 由于黑棋的冒险，被白16抓住机会，割下黑棋几个子的尾巴，中间成了十几目空，局势有所接近。

㉑ 黑25立下极大。上边白棋的空化为乌有。

㉒ 白26贴时，黑27拐进白空正是时机，否则被白棋在这里封住就太大了。

如图14-36，黑1如连回一子，被白2封住，接下来白A位变成先手，如再走到B位，中央将成将近30目棋，形势有可能逆转。

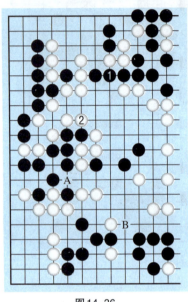

图14-36

㉓ 以下进行至黑47扳的时候，黑棋基本上已经胜定了。

㉔ 白48抢先手。

第5谱（图14-37，201~235手）

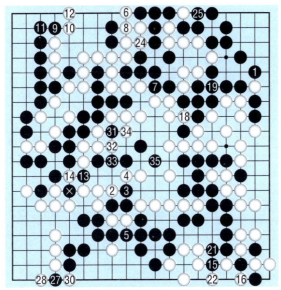

图14-37 （❶❷❷ = ⊗ ㉑㉖ = ⑭）

㉕白2、4先手打，定形。白6扳，好手，黑棋已经无法连回两子。

如图14-38，黑1如断开白子，白2接同时打吃，黑3提时，白4正好吃接不归，连回白棋八子，黑棋得不偿失。

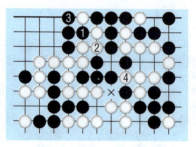

图14-38

㉖ 黑 13 开劫后，白棋由于劫材不够，最终落败。最终，黑棋中盘胜。

以汉语拼音为序

数　字

13路盘 003
135布局 269
17路盘 003
19路盘 003
9路盘 003
9线盘 003

中　文

A
安根 290
安井家 118

B
拔 027
拔花 351
白先 016
败着 344
扳 046
扳渡 117
扳断 305
扳二子头 049
扳紧气二子头 049
板刀五 161
板六 163
棒接 045
棒粘 045
包吃 120
抱吃 120
本身劫 195
本手 342
本因坊家 118
逼 107

鼻顶	053	超目外	006
边	008	程兰如	094
并	083	秤砣	219
补断	308	冲	040
补方	069	冲断	297
补劫	193	重复形	334
布局	257	穿象眼	064
不入气	020	刺	073
		错小目	264
		错小目布局	264

C

猜先	009
残子	344
草帽四	160
拆	102
拆二	103
拆三	104
拆一	103
缠绕	294
长（cháng）	033
长（cháng）气	178
长气杀有眼	183
长生	202
长生劫	202
超大飞	063
超高目	007

D

搭	056
打	024
打拔	029
打吃	024
打断	307
打二还一	031
打劫	186
打劫活	203
打劫杀	203
打谱	366
打入	276
打三还一	032
大场	272

大飞	062	单官	319
大飞挂	233	单劫	196
大飞角	230	单片劫	196
大飞守角	230	单先官子	314
大飞罩	094	当湖十局	096
大高目	007	挡	041
大官子	316	刀把五	161
大块不死	362	刀板五	161
大龙	289	刀柄五	161
大模样	268	刀五	161, 181
大目外	006	倒包	078
大跳	060	倒垂帘	238
大头鬼	219	倒扑	078, 210
大斜定式	250	倒脱靴	217
大雪崩	245	低夹	101
大压梁	237	低中国流	266
大眼	179	敌之要点即我之要点	359
大眼杀小眼	184	点	065
大猪嘴	171	点方	069, 361
大猪嘴扳点死	172	点三三	278
单方先手官子	314	点眼	147
单关	059	吊	115
单关挂	233	钓金龟	358
单关角	229	钓鱼	358
单关守角	229	丁四	160, 181

顶	051
顶断	303
定式	226
定形	289
斗笠四	160
渡	116
渡过	116
段位	016
断	042
断吃	044
断打	044
断点	295
断哪边吃哪边	253
断头板六	164
断头曲四	158
对角星	260
对角星布局	260
对角型布局	258
对杀	174
对向小目	266
对向小目布局	266
对应官子	323
对子	009
对子局	009
对子棋	009

E

恶形	332
耳赤之局	343
二间低挂	233
二间低夹	101
二间高夹	100
二间跳	060
二间跳守角	231
二连星	260
二连星布局	260
二四侵分	282
二五侵分	281
二子头	049
二子头必扳	354

F

反扳	048
反打	026
反夹	102
反征	129
范西屏	094
方	069
方块四	159
方朔偷桃	224
方四	159, 181

飞	060
飞渡	117
飞封	097
飞枷	132
飞压	082
飞罩	094
飞镇	113
废着	345
分投	384
分先	009
封	095
封吃	096, 130
逢方必点	361

G

高拆	107
高挂	233
高夹	100
高目	007
高目定式	252
高中国流	266
公活	151
公气	176
共活	151
孤棋	286
挂从宽处来	353
挂角	232
拐	089
拐头值千金	357
拐羊头	124
关	059
关门吃	121
官子	310
龟甲	352
龟甲50目	352
鬼手	340
过百龄	084
滚包	211
滚打	211
滚打包收	211

H

韩国流	266
好形	331
黑先	015
猴	090
猴子脸	332
后手	015, 329
后手官子	312
后手劫	194

后手死	150
后手眼	142
后续官子	324
后中先	330
厚势	336
厚味	340
虎	070
虎口	071
护断	308
花六	167, 182
花五	162, 181
缓气劫	198
黄龙士	086
黄莺扑蝶	218
活棋	138

J

级	020
急场	362
急场先于大场	362
急所	206
挤	087
挤断	300
挤过	088
夹	098
夹吃	132
夹攻	099
夹击	099
枷吃	130, 206
假双活	152
假眼	135
尖	050
尖冲	110
尖顶	052
尖渡	117
尖断	298
尖封	098
肩冲	110
简明大雪崩	247
见合	341
交叉点	002
交换	338
角	005
角上板八	169
角上板六	165
叫吃	024
接	044
接不归	207
劫	186
劫材	187

劫活	203
劫杀	203
劫争	186
金圭七	168
金柜角	171
金鸡独立	216
金角银边草肚皮	348
紧夹	098
紧劫	198
紧气	176
紧气二子头	049
紧气二子头连扳	049
紧气劫	198
禁入点	019
禁着点	019
井上家	118
净活	148
净杀	148
聚六	167
聚七	168
聚五	162

K

开拆	102
开花	351
开劫	186
靠	054
靠断	302
空三角	334
空（kòng）	285
跨	091
跨断	092, 299
宽气劫	198

L

赖皮劫	199
拦	108
烂柯	008
老鼠偷油	217
勒（lēi）吃	027
勒（lēi）打	027
勒（lēi）断	300
立	035
立二拆三	105
立三拆四	106
立下	035
连	044
连扳	048
连环劫	201
连劫	197

连贴	057
连压	082
恋子	208
梁魏今	094
两边同形走中间	358
两活	151
两三三布局	264
两手劫	197
两头蛇	153
两眼活	149
裂形	334
林家	118
刘仲甫	082
漏风不围空	350

M

梅花五	162
门吃	121
迷你中国流	266
妙手	345
模样	268
木谷定式	244
木野狐	012
目	009
目外	006

目外定式	248

N

内气	175
逆收官子	314
凝形	333
扭断	043, 296
扭十字	043
扭十字长一方	043
扭羊头	124

P

爬	038
盘角曲四	158
盘角曲四劫尽棋亡	159
抛劫	191
碰	053
品	016
平	085
平行型布局	258
破眼	144
扑	076
扑劫	191
葡萄六	167
葡萄七	168

Q

七死八活 170
七子沿边活也输 349
棋长一尺，无眼自活 ... 362
棋从断处生 295
棋逢难处用小尖 361
棋拐一头大如牛 357
棋筋 206, 337
棋盘 002
棋子 003
气 016
气合 341
气紧 340
弃子 292
卡（qiǎ） 088
卡（qiǎ）眼 135, 147
欠眼活 153
嵌 088
侵分 278
侵消 278
求投场 324
曲 089
曲三 155, 180
曲四 157
曲镇 114

拳头六 167

R

让先 010
让子棋 010
软征子 221

S

三活 152
三间低夹 101
三间高夹 100
三劫循环 202
三连扳 049
三连星 262
三连星布局 262
三六侵分 283
三三 008
三三布局 264
三三定式 255
三五侵分 282
三眼两做 150
杀气 174
上扳 047
上虎 072
伸气 178

405

生根	290
生死劫	199
胜负手	343
施襄夏	094
实地	335
实空	335
实眼	134
试应手	338
收官	310
收后	322
收气	176
手筋	206
手谈	010
守角	227
授子棋	010
双	085
双吃	123
双打	123
双倒扑	080
双方后手官子	313
双方先手官子	312
双飞燕	235
双关	085
双关似铁壁	086
双后官子	313
双虎	072
双活	151
双叫吃	123
双先	312
双先官子	312
死棋	138
死活基本型	154
四连星	262
四连星布局	262
松气	178
松气劫	198
送佛归殿	221
搜根	291
俗手	344
损劫	189

T

套劫	197
特殊型布局	260
腾挪	291
提	027
提二还一	031
提劫	186

提子	027
天王山	357
天下劫	200
天元	005
跳	057
跳方	069
跳封	097
贴	056
贴目	009
贴子	010
透点	067
团	091
退	034
托	064
托渡	118
托角	065, 280
脱先	330

W

挖	075
挖断	296
外气	175
外势	336
弯	089, 090
弯三	155
万年劫	200
万劫不应	200
王积薪	080
围地	285
围空	285
围棋十诀	368
乌龟不出头	213
无理手	334
无忧角	228
无忧劫	196
五连星	262
五连星布局	262
勿压四线，不爬二线	350

X

瞎劫	189
下扳	047
下对子棋	009
下虎	072
下立	035
先手	015, 328
先手官子	311
先手劫	194

先手眼	141	星定式	235
先中后	329	星位	005
现代大雪崩	246	星小目布局	269
相思断	223	形势判断	306
向上	009	秀策流	269
向下	009	虚眼	135
象步飞	063	序盘	257
消劫	193	雪崩定式	244
小飞	060	血泪篇	088
小飞挂	232	寻劫	187
小飞角	227		
小飞守角	227	**Y**	
小官子	318	压	081
小尖	050	压强不压弱	357
小林流	271	延气	178
小目	006	眼	134
小目布局	264	眼活	149
小目定式	239	眼杀	182
小雪崩	244	眼位	137
小猪嘴	172	眼形	137
小猪嘴点成劫	172	妖刀	248
斜行型布局	258	妖刀定式	247
星	005	摇橹劫	201
星布局	260	一间低挂	232

一间低夹	101
一间高挂	233
一间高夹	100
一路硬腿	338
一气吃	030
疑问手	332
倚盖	236
倚盖定式	236
弈秋	078
引征	128
应劫	187
硬腿	338
有眼杀无眼	182
有眼杀瞎	182
有眼双活	151
余味	339
愚形	333
愚形三角	334
宇宙流	268
玉柱	231

Z

砸钉	231
造劫	191
造劫材	191
粘	044
粘劫	192
粘劫收后	323
占角	227
胀牯牛	215
胀死牛	215
找劫	187
找劫材	187
罩	093
真眼	134
镇	111
镇神头	111, 238
镇头	111
争劫	186
征	124
征吃	124
征子	124
征子不利	126
征子关系	126
征子六线	127
征子区间	127
征子有利	126
直二	154, 179

直三 154, 179	竹节形 085, 214
直四 156	装倒扑 080
治孤 287	装劫 190
中腹 008	撞气 177
中国流 266	左右同形走中间 358
中央 008	做劫 191
中央开花30目 351	做棋 376
竹节筋 214	做眼 139